金融模式

FINANCIAL MODEL

任泽平
曹志楠
／
著

中国出版集团
中译出版社

图书在版编目（CIP）数据

金融模式 / 任泽平, 曹志楠著. -- 北京：中译出版社, 2022.4

ISBN 978-7-5001-7017-4

Ⅰ. ①金… Ⅱ. ①任… ②曹… Ⅲ. ①金融模式—研究—中国 Ⅳ. ① F832

中国版本图书馆 CIP 数据核字（2022）第 046336 号

Jinrong Moshi

金融模式

著　　　者：任泽平　曹志楠
总 策 划：于　宇
策划编辑：龙彬彬
责任编辑：龙彬彬
文字编辑：薛　宇
营销编辑：吴一凡　杨　菲
出版发行：中译出版社
地　　　址：北京市西城区新街口外大街 28 号 102 号楼 4 层
电　　　话：（010）68359827；68359303（发行部）；
　　　　　　68005858；68002494（编辑部）
邮　　　编：100088
电子邮箱：book@ctph.com.cn
网　　　址：http://www.ctph.com.cn

印　　　刷：北京中科印刷有限公司
经　　　销：新华书店
规　　　格：710mm×1000mm　1/16
印　　　张：19
字　　　数：220 千字
版　　　次：2022 年 4 月第 1 版
印　　　次：2022 年 4 月第 1 次印刷

ISBN 978-7-5001-7017-4　　　　定价：79.00 元

版权所有　侵权必究
中 译 出 版 社

目 录

导　论　拆解金融商业模式的密码　001

投行资管篇

第一章　高盛：顶级全能型投行崛起之路
　　第一节　顶级投行与金融帝国成长史　043
　　第二节　全能型投行的商业模式　051
　　第三节　我国券商未来发展之路　060

第二章　罗斯柴尔德家族：百年财阀发家史与转型精品投行
　　第一节　罗斯柴尔德发家史和业务版图　069
　　第二节　百年财阀的财富密码　076
　　第三节　财富长久传承之道　086

第三章　瑞银：财富管理巨头的秘密
　　第一节　从弹丸小国走出来的世界级金融巨头　093
　　第二节　百年老店如何打造财富管理护城河　098
　　第三节　中国如何培养财富管理巨头　112

第四章 贝莱德：全球最大资产管理公司如何掌管万亿财富
第一节 贝莱德跨越式成长30年 119
第二节 如何掌管万亿资产 123
第三节 中国如何培养公募基金巨头 133

第五章 黑石：私募之王押注全球另类资产
第一节 私募巨头的崛起之路 141
第二节 如何缔造不动产投资核心能力 147
第三节 私募巨头的基因如何炼成 157

保险篇

第六章 巴菲特的伯克希尔：股神是怎样炼成的
第一节 从濒临破产的纺织厂到巨型投资集团 165
第二节 三驾马车：保险、股票投资、产业并购 169
第三节 股神之道 181

第七章 平安：如何成为世界级综合金融集团
第一节 保险巨子如何炼成 187
第二节 金融为本、科技为术、生态为道 190
第三节 保险巨子基因：创新、开放、执行力 202

第八章 泰康：从保险到医养的成功突围
第一节 "保险+医养"的先行者 207
第二节 泰康模式如何打通保险产业链 210
第三节 如何突破行业痛点 222

产融平台篇

第九章 复星：多元化集团发展逻辑
　　第一节 "八爪鱼"扩张之路　231
　　第二节 如何玩转产融平台　234
　　第三节 多元化扩张与现金流平衡术　243

金融科技篇

第十章 中国金融科技发展格局和趋势展望
　　第一节 金融科技行业概览　249
　　第二节 传统金融机构如何发展金融科技　255
　　第三节 互联网平台如何发展金融科技　274
　　第四节 监管导向：监管升级，鼓励创新与规范发展　279
　　第五节 金融科技大有可为　282

参考文献　287

附　录　293

导 论
拆解金融商业模式的密码

这个世界是怎么运转的？金融世界的商业秘密是什么？

金融是现代经济的发动机，发挥着提供清算支付、促进资金融通、优化资源配置、支持实体经济、进行风险管理、实现财富保值增值等关键功能。

金融机构则是市场经济的"弄潮儿"，既在宏观上影响金融霸权和大国兴衰，又在微观上影响亿万人的资产和生活。引导经济运转的，除了市场"无形之手"、政府"有形之手"之外，还有一双金融"隐形之手"。

有的金融机构在国际市场上纵横捭阖、呼风唤雨，在全球运作资源的同时，成为各国金融实力的象征，例如"全球最大基金公司贝莱德""不动产之王黑石""高盛帝国"等，罗斯柴尔德家族甚至一度被神化为操控世界的神秘犹太组织。这些国际顶级金融机构的商业模式密码是什么？

有的金融机构抓住中国经济高速发展的时代机遇，在服务实体经济、为社会创造价值的同时实现自身发展，通过敏锐的市场洞察力、高超的战略布局，不断迭代商业模式，最终杀出重围，开拓了一片天地，成长为中国金融机构的发展典范。例如平安成为世界级综合金融集团，泰康实现了从保险到康养的突围，复星走在产融结合、多元化投资的路上。这些国内金融机构的商业模式核心竞争力是什么？

也有的以一代枭雄的姿态迅速崛起、全球并购、攻城略地，利用"高超"的财技游走于法律和监管边缘，上演一幕幕权力与资本的游戏，但最终因为过于激进险些酿成重大金融风险，或者沦为庞氏骗局和割"韭菜"的"镰刀"，轰然倒下、快速陨落，比如安邦、明天系、华信系等，成为中国金融发展史上教科书级的案例。

这不单是一幕幕成王败寇的商业游戏，成败背后的根本原因是什么？其商业模式的底层逻辑是什么？商业模式纷繁复杂，但万变不离其宗，现金流是解锁商业密码的一把钥匙。企业可以暂时没有利润，但不能没有现金流。没有利润可以等待下一个周期，没有流动性则连明天都等不到。好的商业模式能够产生源源不断的正向现金流。反之，如果底层商业模式和资产不能产生可持续的正向现金流，长期依靠外部举债、补贴，则或走向债务深渊，或被资本绑架，或沦为庞氏骗局。

大国兴衰与金融霸权更迭是相互影响的，近500年每一个大国崛起的背后都有一批金融巨子乘势而起。现代金融业起源于意大利，成形于荷兰，兴盛于英国，如今在美国发展至鼎盛。300年前，英国主导全球殖民贸易，罗斯柴尔德家族等独揽贸易汇兑和政府融资大权，帮助英国成就"日不落帝国"。200年前，美国取代英国霸主地位，以高盛、摩根为代表的投行，以贝莱德、伯克希尔·哈撒韦（下文简称伯克希尔）为代表的投资机构，撬动巨额资本，成为世界顶级金融机构。

再看中国，改革开放40余年，金融业的繁荣发展对促进储蓄转化为投资、推动经济高速增长起到了关键作用，同时也为金融机构的快速成长提供了良机。中国自20世纪80年代逐步恢复银行、保险业，90年代建立证券交易所。发展至今，银行业资产规模位居全球第一，全球市值最大的四家银行均在中国，股票、债券、保险市场也都成为全球第二大市场。但必须清醒地认识到，我国金融机构竞争力与世界级金融巨头仍有差距，金融监管体系尚待完善，直接融资比重处在较低水平，金融普惠仍较为欠缺。

未来随着中华民族伟大复兴、经济高质量发展，中国金融机构能否在发挥支持实体经济、促进科技创新、优化资源配置、提升市场效率、帮助老百姓财富保值增值等功能的同时，实现自身实力的发展壮大，甚至能够"出海"成为具有国际竞争力的金融机构？这既是千载难逢的机遇，也是时代赋予的使命。

本书选取了国内外各类具有代表性的大型金融机构，研究其商业模式、核心竞争力、财务技巧等。本着客观、专业、理性的科学立场，结合公开资料和财务报表，深入拆解其商业模式和经验教训，为我国金融机构健康发展、做大做强提供借鉴，为金融监管机构更好地完善监管、推动中国金融业繁荣发展提供思路，为广大金融从业人员和投资者提供经验，为普通人了解金融模式的核心提供窗口。受限于篇幅等客观因素，部分典型案例未能在本书中完整呈现，我们将其制作为定制课程，意犹未尽的读者可以继续探索金融的世界。

投行资管篇：以高盛、罗斯柴尔德、瑞银、贝莱德、黑石为例

投资银行与资产管理都是金融业经久不衰的商业模式，嫁接企业的融资需求与居民的投资需求。投资银行侧重于产品端，创设投资标的，便利投资交易；资产管理侧重于投资端，立足资产，追求超越同类机构的业绩表现。但近年来，金融行业呈现出业务复杂化、混业化、轻型化趋势，传统金融机构边界逐渐被打破，金融商业模式迭代创新，投资银行与资产管理在大资管领域也出现了交融与竞合的趋势。

细分大资管产业链，从上游到下游可以分为资产获取、产品创设、客户服务、投资交易、风险控制等关键能力。各类金融机构根据战略定位和资源禀赋选择不同的发展道路。

"交易驱动型"的护城河是准确定价、敏捷交易的能力以及政商关系，以高盛、罗斯柴尔德等投行为代表

高盛：顶级投行与金融帝国崛起

高盛作为顶级投行，伴随着美国金融霸权的确立而缔造，150余年屹立不倒。高盛崛起之路堪称传奇，也饱受争议。有人认为它是富有传奇色彩的金融帝国，是全球资本市场建设学习的"榜样"；也有人认为它是不择手段的阴谋集团，通过"旋转门"笼络政府人才，将其势力蔓延至世界各个角落，充当美国的"经济杀手"和收割全世界"韭菜"的"镰刀"。

研究发现，高盛成功的三大秘诀是政商关系、全能型投行模式

和商业进取心。

首先，美国取代英国成为金融霸主，高盛积极参与政治活动并快速崛起。1869年成立的高盛曾是一家名不见经传的票据商和小型投行，在大萧条中遭受重创，从底层摸爬滚打的西德尼·温伯格（Sidney Weinberg）临危受命，带领高盛成功押注罗斯福，为其竞选总统提供资金，并配合其实施新政，将美国金融影响力扩张至世界各个角落，同时通过"旋转门"笼络政府人才，获取了政商界客户资源。投行业务高度依赖人际关系和信息优势，高盛的成员渗透到各国政府。高盛被誉为美国金融高官的"西点军校"，为美国政坛输送过三位财政部部长（在小布什、奥巴马、特朗普担任总统期间），四位美联储地区主席，十余位高管担任过美国高级经济政策顾问，掌握着美国经济金融大权。政商关系为高盛带来了丰厚业务。其业务遍布世界各地，一度被指责为美国的"经济杀手"。

其次，在商业模式上，高盛定位为全能型投行，并购、做市、衍生品等业务条线都围绕机构客户展开，敏捷的交易能力和高超的风险定价能力是其护城河。究其业务模式，一是传统投资银行业务，以牌照、人才、客户、管理等为驱动力。低阶玩法是依靠牌照开展通道业务；中阶玩法是通过人才和经验积累长期稳定的客户关系，提升市占率；高阶玩法是创造客户需求，为机构交易、信用中介等业务引流。二是以风险中介为代表的资本交易业务，赢利模式是为股债交易提供一揽子交易服务，包括利率汇率衍生品创设、做市、账户管理等，赚取证券价差和管理费。高盛以敏捷的交易能力和高超的风险定价能力著称，擅长以最快的速度捕捉机会，其身影出现在众多著名交易案例中。三是以信用中介为代表的资本中介业务，多元化融资渠道和优惠的成本是其优势。

最后,高盛长期屹立不倒,商业进取心和合伙人机制发挥着重要作用。高盛长期以来保持合伙人制度文化,奖惩分明,"合伙人才库"每两年更新1/4—1/3,以确保长期保持新鲜血液和进取精神。但高盛也因为资本狼性十足而饱受争议。20世纪70年代美国宾州中铁巨额票据欺诈案、20世纪90年代英国马克斯韦尔骗取贷款案、次贷危机做空美国地产、希腊债务危机前帮助设计掩盖政府债务、原油市场"猎杀"中国企业等案例中均有高盛身影。其多次被指责为财务造假的"帮凶",但最终均以和解的方式告终。

罗斯柴尔德:顶级财阀与大国金融霸权

罗斯柴尔德是英国称霸全球时代的金融巨头,作为顶级财阀,其历经二百余年风雨依然活跃,折射出一部英国金融霸权兴衰史。罗斯柴尔德早期靠放贷和贸易起家,在英国和欧洲大陆形成了强大的影响力。一方面,为政府提供财政筹资,干预外交政策;另一方面,凭借对国家和战争情报进行投资和套利。但随着狼性精神缺失,其后代错失了美国发展红利,如今以精品投行身份稳健经营。具体来看:

第一,家族之兴,在于顺势而变的战略眼光和高超的商业手段。罗斯柴尔德家族从法兰克福犹太古董商开始,抓住英国崛起机遇,打造了最早一代的顶级投行。1744年,创始人梅耶出生在法兰克福的一个犹太家庭,白手起家跻身宫廷财政官,以代理王室理财之机投资放贷,获得第一桶金。

早期靠贸易起家(1800—1815年)。梅耶将五个儿子派往五个不同国家,打通信息流、物流和资金流,建立跨国分支和私人情报网,将英国纺织品贩卖到欧洲大陆,并从事货币支付、票据兑换和保险业务。1815年英法战争时期,其成功帮助英国运送物资和黄金,由此获得政府信赖。

事业巅峰期垄断政府财政（1815—1850年）。罗斯柴尔德家族搭上了英国经济增长的快车，一是为政府发放贷款，84%的贷款投向公共贷款，占英国海外资产的10%。二是投资公债，英法战争后，欧洲政局稳定，生产力提升，推升债券价格上涨，罗斯柴尔德赚取了投资溢价。三是帮助英国资本输出，承揽起战后赔款、国际贸易等事务，根据汇率涨跌进行套汇投机。四是充当非正式外交沟通信使，从多个渠道获取政府消息，甚至左右外交政策。

第二，家族之衰，在于国际环境大势已去、狼性精神缺失。

事业稳定期转型工业资本家，专注稳健投资（1851—1910年）。19世纪后半叶，英国逐渐被美国、德国超越，各国金融竞争加剧，罗斯柴尔德转变为工业资本家。一是垄断水银、黄金、铜等矿产资源的开发经营权；二是投入铁路建设；三是为欧洲军备竞赛发放贷款；四是通过影响央行流动性投放，排挤竞争对手。这一时期，家族注重稳健经营，维持合理增长，1890年前后资本回报率约为4%。家族权力交接到第四代手中后，很多后代安享舒适的贵族生活，有金融才干的家族成员寥寥无几，部分分行甚至因为缺少继承人而关闭，但其始终不启用外姓人才作为管理者。过度保守和狼性精神缺失，使其错过了美国经济发展红利，随后两次世界大战和国有化对其造成了沉重打击。

第三，衰而不亡，财富传承容易因外部冲击和内部因素而消磨，但罗斯柴尔德家族所奉行的"团结、正直、勤奋"精神却能延续百年。在巨头夹缝中开辟精品投行之路（1980年至今）。随着国际金融管制逐渐放开，世界级全能金融集团巨头林立。罗斯柴尔德家族仍以精品投行身份活跃在全球并购市场，家族产业深入酒业、矿业、不动产和艺术品等多个领域，在中国亦有布局。不变的是家族合伙传统和保守稳健，不参与衍生品等高风险业务，资产管理自 1998 年以来保持 12% 的年化回报率。

"投资驱动型"的护城河是资产获取与产品创设能力，以贝莱德、黑石等资管机构为主要代表

贝莱德：全球最大资产管理公司的商业模式

贝莱德于 1988 年创立，是本书所列国外金融巨头中最年轻的一家，但却是掌管资产规模最大的一家机构，在短时间内成就了"富可敌国"的伟业。20 世纪 80 年代末，在美国共同基金行业中，富达、先锋已经初具规模，新成立的贝莱德资产规模仅 10 亿美元，短短 30 余年便跃升为掌管约 9 万亿美元的全球资管巨头。贝莱德成功逆袭有什么商业秘密？

从外部机遇来看，贝莱德的成功逆袭在于抓住被动投资、机构化、买方服务转型重大机遇，敢于逆势扩张。20 世纪 80 年代以来正是美国资本市场长牛时期，具体表现为：一是市场有效性在快速提升，获取超额收益的难度加大，被动投资理念深入人心。贝莱德斥巨资并购全球最大 ETF（交易型开放式指数基金）平台 iShares，大力发展被动投资业务，成为美国第一大 ETF 发行商。二是机构化进程加速，养老金、共同基金等机构投资者快速发展。贝莱德发力养老金委托管理业务，成为美国养老金第一大管理人。三是基金行业收费从卖方佣金向买方投顾模式转变，市场利益蛋糕重新分割。贝莱德主打的 ETF 产品，主动降低产品成本，获得了较大市场空间。

从内部优势禀赋看，贝莱德掌管如此大体量的资产规模，有四

大秘诀。一是主打被动策略，被动策略管理简单、成本低，iShares 指数基金平台为贝莱德贡献了 1/3 的 AUM（资产管理规模）、五成收入。二是全球化扩张，贝莱德将资产管理经验复制到全球，海外合计 AUM 占比 36%、海外收入占比 35%。三是在产品端打造全谱系产品，低费率 ETF 和传统固收产品用来扩规模，赚管理费；不断丰富权益型、另类投资、Smart Beta（聪明贝塔）等特色产品条线来赚业绩分成。四是具有出色的风险管理能力，创始人拉里·芬克（Larry Fink）是一名天才债券交易员，从业早期因巨亏而被解雇，吸取风控教训后，研发阿拉丁系统，将风险管理、组合管理、交易、结算等进行一体化管理，为巨额资产把脉风险。正是因为出色的风控能力，其不但未受 2008 年次贷危机波及，而且成为美国政府清理有毒资产的专家顾问，名声大振。

黑石：另类资产之王押注全球

如果说，贝莱德乘上的是被动投资快车，那么黑石抓住的就是不动产投资大机遇。黑石凭借优质资产获取能力，资产管理规模超 6 000 亿美元，稳坐私募巨头头把交椅。黑石敢于在经济底部抄底资产，通过分拆出售、整合出售、改造运营后出售等方式修复并提升物业资产价值，常年获得 9%~15% 的卓越投资收益。

1985 年，在雷曼兄弟积累多年投行经验的史蒂芬·施瓦茨曼（Stephen Schwarzman）和彼得·彼得森（Peter Peterson）关注到杠杆收购机遇，亲自下场创立黑石。最初从并购咨询与投资业务起家，首笔收购"运输之星"便大获成功；20 世纪 80 年代储贷危机中，黑石在低谷中看到不动产投资机会，成立酒店特许经营公司处置不良资产；2000 年以来，黑石不动产投资手法日趋娴熟，创造了闪电收购并分拆EOP（美国商业地产信托基金）项目、改造出售希尔顿酒店等经典案例；金融危机后，大面积抄底止赎屋，开发独栋屋租赁市场，首创超长期私募股权基金，坐稳私募之王宝座。

黑石集团从创立至今近40年，AUM从最初的40万美元增长至2020年的6 185.6亿美元，募资总额排名位于PEI300（全球私募股权基金300强）榜单首位，另类资产管理行业内市占率位列第一。黑石不动产基金在行业内久负盛名，房地产投资板块以30%的AUM贡献了43%的业务收入、46%的可分配利润。

黑石不动产投资的成功得益于三大核心能力。一是超强的募集长期资金能力。传统机构投资者贡献了黑石总AUM的76%，20%的资金采用永久资本的融资方式，为另类投资运作提供了充足空间。二是广泛获取被低估资产的能力。黑石投资产品覆盖全面，敢于在经济底部抄底资产，持有超过3 410亿美元的物业投资组合，地域覆盖美洲、欧洲、亚洲，类型涵盖商业、住宅、物流等业态，投资策略分为机会型、不动产债权、核心增益型，IRR（内部收益率）分别达15%、10%、9%。三是杰出的投后管理能力，黑石通过分拆出售、整合出售、改造运营后出售等3种方式修复并提升物业资产价值，获得了卓越的投资收益。

黑石发展成为全球另类资产管理之王，深层次基因在于内外联动、洞察周期、谨慎投资、迅速动员。对外精准洞察周期趋势，黑石壮大和超越的窗口期往往伴随着金融经济危机和行业低谷，凭借专业研究抄底优质资产。对内黑石与化学银行等机构保持长期合作关系，通过银团贷款迅速获得条件优厚的杠杆收购资金，首创的新型合伙机制"分支机构"在保障黑石集团股权不被稀释的前提下留住核心人才，严谨科学的投资审核流程和亏损零容忍的风格使黑石基金行稳致远。

"客户驱动型"的护城河是挖掘客户、形成黏性的能力，以瑞银等为代表

瑞银的前身最早可追溯至1862年，经过多达300次兼并重组，1997年合并成瑞银集团，是目前规模最大、布局最广、产业链最全的财富管理机构。截至2020年，瑞银集团总资产为1.13万亿美元，营业收入达254亿美元，在世界500强中位列第293，资管规模超4万亿美元，是全球第三大资管机构和第一大私人银行。

瑞银虽然诞生于阿尔卑斯山脚下的小国瑞士，但发展为世界级的金融巨头。瑞银成长为财富管理巨头，既有瑞士举全国之力缔造的制度因素，也是自身经营积累的硕果。

瑞士具有金融立国的传统，政治中立、保密制度、税收宽松、外汇自由兑换等制度为瑞银带来了大量客户和资本。在政治上，瑞士自1815年起保持中立地位，免受战火蹂躏，沉淀了大量资本；在法律上，瑞士1934年实施《银行保密法》，严格保护客户隐私；在税务上，实施低税负和宽松征税制度，外国富人仅按房租等生活开支核定税金，无须按收入和资产纳税，因此瑞士成为外国富人的避税天堂；在金融制度上，瑞士维持币值稳定且可自由兑换，吸引全球资本流入。

瑞银始终坚持清晰的战略目标，从客户、产品、团队、技术等维度全力打造财富管理护城河，以尊贵、保密的服务闻名于世。瑞银清晰定位为财富管理机构。一是瞄准高净值客户。瑞银目标客户为可投资产达5 000万美元以上的超高净值客户和200万美元以上

的高净值客户，超高净值客户贡献了 50% 的存量可投资产。二是主推高附加值产品。一种是委托类服务，渗透率达到 34%，此种业务基于资产规模收取不超过 2.5% 的固定管理费，相比于按交易佣金收费的模式，利润更稳健，占财富管理板块收入达 55%。另一种是借贷类服务，提供抵押、质押、保证融资服务，渗透率为 7.1%。此种业务获取利息收入，收入贡献约为 24%。三是精简团队，统一作战。鼓励投资顾问以团队形式服务客户，避免顾问频繁流动导致客户流失。2013—2020 年瑞银雇佣的投资顾问从 1.13 万人削减至 0.96 万人，但人均贡献营业利润从 309 万美元提升至 420 万美元，同时设立首席投资办公室（CIO）、客户策略办公室（CSO）、投资方案平台（IPS）统一平台，分别负责投资研究、客户行为研究和投资方案执行。四是不断试水数字化转型。瑞银每年在科技领域投入 35 亿瑞郎，约占营业收入的 10% 以上，重点关注云技术、机器人、人工智能等领域。但数字化转型并非一帆风顺，瑞银在 2018 年退出智能投顾 SmartWealth 项目，但仍在数字化统一平台的道路上积极尝试。

瑞银"百年老店"地位维持至今，很大程度上在于并购注入新鲜血液和及时调整业务模式。其先后经历 20 世纪八九十年代瑞士房地产危机、1998 年对冲基金长期资本管理公司爆雷、次贷危机、保密制度瓦解等事件，破茧重生。

对我国投行和资管的启示

展望未来，我国要打造金融强国、服务国家战略，需要在市场竞争中培育航母级券商和资管巨子，而金融机构应抓住大国崛起、金融开放的时代机遇，在践行国家使命和社会责任的同时实现自身发展壮大。

第一，迎接金融开放与国际化挑战。国内券商和资管面临的内外竞争愈加激烈，应当借鉴成功投行国际化经验走出国门，参与国际竞争，争取国际市场业务份额。

第二，推动监管政策环境向国际化、市场化、法治化方向发展。在市场化、混业化大背景下，我国资本市场政策将逐步向发达市场看齐，注册制推广、佣金自由化、利率自由化等对券商和资管机构的定价能力、风险收益匹配能力提出更多挑战，我国金融机构从牌照驱动逐步转向人才驱动、资本驱动、风险驱动。

第三，拥抱金融科技的机遇和挑战。下一轮金融业革命将以科技为轴心开展，国际大投行纷纷布局金融科技业务，我国券商和资管能够从科技创新融入金融业务方面发力，提高资产定价和风险管理能力，弯道超车。

第四，顺应差异化发展趋势，抓住发展机遇。美国在20世纪70年代后，证券市场竞争加剧，一方面，大的全能型机构优势不断强化；另一方面，中小特色机构持续涌现。我国大资管行业也处于分化和变革之际，未来除部分大型机构具有全能型优势外，中小机构也可以通过差异化发展脱颖而出。

保险篇：以伯克希尔、平安、泰康为例

保险是社会稳定器、经济助推器、资金融通器。2020年我国保费收入突破4.5万亿元，跻身全球第二大保险市场。过去40多年保险行业规模快速扩张，背后驱动因素是经济高速增长、政策大力

支持、人海战术等，但也滋生了理赔纠纷、违规销售等问题，甚至个别保险公司偏离主业、公司治理存在严重缺陷，危害行业健康发展。在金融业供给侧改革和高质量发展的要求下，保险行业面临多重转型压力，大企业谋求二次转型，中小企业谋求跨越式发展。

保险商业模式，简单理解，就是基于大数法则，提供生命财产风险转移和保障服务。在负债端，保险公司通过销售保单获取保费，扣除营运成本和风险成本后形成负债；在资产端，保险资金投向一二级市场，覆盖负债的成本和期限，获得投资收益。因此，从资产负债角度可分为"负债驱动型"和"资产驱动型"。"负债驱动型"模式立足承保业务，根据负债端的成本、期限、流动性等特点合理制订资产端的投资策略，同时依靠承保业务和投资业务获利。"资产驱动型"模式立足投资业务，负债端以提升保费规模为目标，资产端获取高收益，主要依靠投资业务获利。

大中型公司多偏好依靠负债经营，重在拓展负债广度和深度，小型公司更依赖资产经营，注重成本控制和杠杆运作。我们选取47家保险公司样本，根据其对保险负债的依赖程度从高到低分为四组（指标为2015—2019年总负债中保险责任准备金平均占比）。第一，对保险负债依赖高于70%的归为"强负债驱动"组，数量占比为30%，多为单一从事保险业务的大中型公司，具有规模优势，胜在产品销售能力较强。第二，对保险负债依赖介于50%~70%的归为"弱负债驱动"组，数量占比为40%，多为在保险产业链延伸和多元化布局的公司，得益于较高的销售能力和较低的风险成本，承保利润最为优异。第三，对保险负债依赖介于30%~50%的归为"弱资产驱动"组，数量占比为24%，投资收益最高，成本控制较好。第四，对保险负债依赖低于30%的"强资产驱动"组，数量占比为

6%，资产规模和盈利能力最低，杠杆水平较高，抵御风险能力较弱。现实中不同保险发展模式各有千秋。"负债驱动型"是保险公司长期恪守的传统，但并不意味着只能走老路。

展望保险行业未来的发展，经济进入高质量发展阶段，人口结构发生变化，金融科技方兴未艾，对外开放竞争压力加大，中国保险业机遇与挑战并存。第一，受风险保障、资产配置、金融服务三大需求支撑，保险行业市场需求广阔；第二，在经营模式方面，从规模扩张到价值挖掘，从同质化竞争向差异化、专业化转变；第三，在资产配置方面，险资将发挥长期性、稳定性优势，致力于解决养老问题，服务实体经济，REITs（不动产投资信托基金）等另类资产的重要性提升；第四，金融科技与保险业务融合性高，或重塑核心价值链。

巴菲特的伯克希尔：股神是怎样炼成的

沃伦·巴菲特（Warren Buffett）的伯克希尔公司给出了一个"资产驱动型"并兼顾"负债驱动型"的成功范本。

巴菲特被称为"股神"。这位九旬老者是价值投资的践行者，一言一行深刻影响着全球投资动向。他很早就摸索出保险作为投融资渠道的特殊优势，将濒临倒闭的纺织厂改造为保险集团。经历数次经济危机和股市崩盘，但投资业绩长期持续跑赢标普500等指数，以滚雪球的方式实现了巨大的财富积累。2020年伯克希尔总资产达8 737.3亿美元，旗下子公司涉及保险、铁路、能源、制造业、零售业等众多行业，2020年位居世界500强第14，成为世界顶级投资集团，巴菲特多次问鼎世界首富。

巴菲特和伯克希尔传奇投资经历和商业手法的秘密是什么？伟大投资者的成功能否复制？

第一，在负债端，保险提供了充足且成本低廉的资金来源。伯克希尔保险业务主要涉及车险和再保险，浮存金高达1 380亿美元，其保险经营较为成功。一是通过并购和专攻大型再保险扩大规模，先后收购盖可保险和通用再保险，规模迅速冲到全球前20，并以雄厚的资金实力承保其他再保险公司不愿签的大额保单，崛起为全球三大再保险公司之一。二是严格控制负债成本，伯克希尔专注于财产和意外险，不打价格战，实施极致的成本策略，浮存金成本甚至为负。三是以保守的财务杠杆和充足的现金储备预防风险，伯克希尔只有2.06的杠杆倍数，远低于美国财险行业的3.07和寿险行业的14.6；现金类资产高达1 120亿美元，对流动性需求准备充分。

第二，在资产端，巴菲特坚守"护城河"与"安全边际"的价值投资理念。一是挑选好资产：行业选择倾向于金融、消费、公用事业等传统行业，竞争格局稳定；在公司选择方面，巴菲特看重护城河和管理层，选择在品牌、产品特性、商业模式、成本控制等方面具有优势的公司，同时要求管理层应对股东负责、坦诚并独立思考。二是找到好价格，注重安全边际，买入市盈率较低，倾向于以优先股的投资方式平衡风险收益，尽力避免收购中的股权稀释。因此尽管巴菲特有一些投资失败案例，但极少巨亏。三是伯克希尔注重声誉的作用，从不进行恶意收购、资产整合和公司改造，减少了企业对资本的顾虑，降低了收购阻力，促进了资产端的稳健发展。

伯克希尔的成功背后，搭上国运顺风车、成功的商业模式、出众的个人能力和品格缺一不可。一是国运。国家经济发展和资本市场环境是企业发展之源，伯克希尔乘上美国经济繁荣和股市长牛的快车，坐享国运带来的增长红利。二是商业模式。"保险＋投资"优势巨大，但并不能轻易掌握，这种商业模式的难度在于重资产模式，资产与负债风险敞口管理难度高。平安、复星乃至安邦都是这一模式的追随者，但命运各不相同。伯克希尔保险板块没有盲目扩张，强调低成本甚至负成本吸收保险资金，严防偿付和流动性风险。三是投资能力。归根结底，企业家和投资者的能力和洞见决定企业命运，一代投资大师巴菲特的投资逻辑以企业内在价值为核心，对垃圾资产避而远之，对产业整合也不感兴趣，对价值投资的坚守和对声誉的爱惜将伯克希尔引上坦途，将巴菲特送上神坛。

平安：迈向世界级综合金融集团

平安保险这个诞生在深圳蛇口的企业，在改革开放大潮下，敢为天下先，成为中国最早的一批现代保险公司；前瞻地布局金融全牌照，成为家喻户晓的金融品牌，跻身世界500强前列；经历大风大浪，大刀阔斧地改革，布局金融科技。从深耕保险到金融控股，再到金融科技，平安形成了涵盖金融、医疗、汽车等领域的庞大的生态版图。

平安是如何成为世界级综合金融集团的？

平安稳健发展的30年呈现了"纵向四维度，横向三赋能"的矩阵式发展逻辑。纵向，抓住产品结构优化、高质量渠道、聚焦客户需求、完善经营管理四大模块，深耕保险业，培育金融服务基因。一是从产品上力推保障型产品。长期保障型产品在新业务价值中占比为50%~60%，新业务价值率高达96%。二是从渠道上积极培育高质量代理人队伍。2020年代理人规模105万，贡献了82%的保费，远高于其他上市险企。三是从客户上聚焦个人业务价值。2020年个人客户达到2.18亿，个人业务营运利润占归母营运利润的88%，个人业务成为平安价值强劲增长的内生动力。四是从管理上实行"集团控股，分业经营，分业监管，整体上市"，运营模式由全国后援中心集中管理，实现后台流水线作业。

横向，综合金融、金融科技、生态场景依托保险根基，在产品、渠道、客户、管理四个维度层层赋能，不仅实现了自身提质降费增效，而且向全行业开放输出技术。一是牌照赋能。平安旗下泛金融公司三十余家，牌照约十六种，形成了强大的业务协同网络，在产品上以统一的品牌为客户提供一站式服务，渠道方面深挖交叉销售价值，客户方面最大限度地增加黏性。二是科技赋能。平安早在2008年开始探索科技业务，十年间投入500亿元，掌握了智能认知、人工智能、区块链、云计算等核心技术，对现有金融产品、渠道、服务和运营模式进行深刻变革，孵化出陆金所控股、平安好医生、平安医保科技等企业，实现盈利或分拆上市。三是生态赋能。平安多元化触角延伸至金融、医疗、汽车、智慧城市等生态场景，切入金融服务需求，为平安核心金融业务导流。

平安走过三十多年风雨历程，取得如今的成就，是内外多重因素叠加的结果。外部优势包括作为第一批现代保险公司的先发优势，以及获批综合金融牌照的历史机遇。内部优势包括创新、开放、执行三大基因。内外部优势合力赋予其强大的竞争能力、稳健的运营能力和长远的发展前景。

泰康：从保险到医养成功突围，打造的产业链闭环成为精细化管理的典范

如果说，平安走的是大而全的综合经营发展之路，占尽先发优势和规模优势，那么泰康走的则是产业链闭环模式，瞄准长寿时代"保险+医养"产业链，重资产建养老院、医院、殡葬行业，通过产品创新和差异化服务，提高客户黏性和附加价值。泰康以丰富的寿险经验、卓著的资管能力、创新保险与健康商业模式，在巨头林立的保险行业中成功突围。2020年泰康总资产规模超过万亿元，营业收入为2 447亿元，在世界500强中排第424位。

泰康的核心商业模式是打通"保险+医养"循环：一是在负债端，深耕保险主业，创新医养产品内涵；二是在资产端，打造泰康资管投资平台；三是精准网罗中高端人群，打造大健康产业链，发掘顾客终身价值。

在负债端，泰康深耕保险主业，拓展产品内涵。保险板块收入在总保费中占绝对主导地位，2020年度保险业务收入为1 706亿元，占营业收入的70%。泰康自2009年优化保险产品结构，逐步缩减银保产品，提高寿险、长期健康险等产品的占比。在产品上，创新"保险捆绑养老服务"模式。在渠道上，以个险渠道为主，银保渠道缩减，注重培育线上渠道，2020年泰康个险渠道、银保渠道、网销渠道占比分别为71.58%、20.15%、5.5%。泰康人寿2020年保费达到1 439.6亿元，市占率约4.3%，为第七大寿险公司。

在资产端，泰康打造资管平台，投资能力卓著。2020年投资收益对总收入的贡献比例达到了25%。2017—2020年3月，泰康资管的资产管理规模从1.2万亿元增长到2.2万亿元，年均增长22%。泰

康的投资能力卓著，参与打新数量第一，二级市场上投资的风格定位于长期稳健，有独立的信用评级体系保驾护航。

泰康最具特色的是纵深产业链，重资打造"医养"生态产业链。泰康医养板块着力打造"医养康宁"四位一体的服务链条，创新设计保险直接赔付方案，绑定免费的健康管理服务。一是通过自建、投资、合作的方式渗透医疗健康领域；二是泰康作为原保监会首批养老社区投资试点，创立了"泰康之家"养老品牌，重资产自建养老社区；三是泰康创立国内首家一站式互联网殡葬服务平台，开创"殡葬+互联网"产品。

未来泰康发展的土壤在于不断加深的人口老龄化和不断提高的人民对高品质健康医疗服务的需求。同时，泰康也需要逐步击破医疗机构质量不高、重资产运营成本高、回收周期长等模式发展痛点，强化民众保险意识，改变传统养老和殡葬理念，进一步积累高端客户资源，创新保险提供服务。

安邦：保险黑马的超常规发展财技

国内"资产驱动型"模式以安邦为代表。

安邦自2004年成立以来一直超常规大跃进式发展，早期在发售产品、获批全国电话营销、成立资管子公司方面获监管放行，鲸吞成都农商行，从单一财险一跃成为金融帝国。2016年资产规模翻300倍，逼近3万亿元，保费翻500倍，跻身前三大险资。一时间，安邦成为"资本巨鳄"的代名词，在资本市场高调并购，巨额资金"出海"，备受市场质疑。直到2017年，安邦因涉嫌虚假出资被立案调查，引发了金融行业巨震。保险黑马因何而兴？又是什么原因导致它走下神坛？

超常规发展图景背后必然潜藏着超常规发展逻辑，安邦采用"资产驱动负债"模式，展现了高超的融资财技和投资财技，背后则是对违犯法律和监管的掩盖。

一是在负债端，安邦高度依赖投资型产品冲规模。在产品设计上，安邦系无论是寿险还是财险，"强投资、弱保障"特征明显，一般而言，财险负债久期短，财险公司经营投资型保险并不常见，但安邦财险获批销售多款家财险，实则将理财包装为保险，2012—2014年由万能险贡献的"保护储金及投资款"在负债中占比达85%以上，承诺高收益吸引投资者；在销售手段上，安邦先后入主成都农商行、民生银行等，打通银保渠道，利用银行销售网快速渗透做大规模，银保渠道占比达80%~90%。负债成本为5%~7%，短短两年安邦人寿便跻身前三大险企，支撑起2万亿元保险负债。

二是在资产端，安邦投资风格以激进著称。一方面，在A股市场，安邦重仓房地产、银行、建筑行业，瞄准股权分散标的，多个账户配合，精准巧妙举牌上市公司获得亮丽的投资收益，先后举牌或进入前十大股东名单的上市公司达38家，市值达2 506亿元。另一方面，在海外市场，安邦低价控股并购海外金融和地产，并购金额达2 000多亿元，快速实现扩张。得益于高超的投融资财技，安邦维持27%的高ROE（净资产收益率），远高于同行业水平，进而吸引负债端获得更多资金。

三是在权益端，安邦挪用保费补充资本金。当自有资本无力支撑扩张步伐时，安邦将法律法规视为扩张的"绊脚石"，不惜违规设计产品、超额度销售，甚至挪用保费虚假出资，出资11亿元撬动619亿元注册资本。无视法律的行为最终刺破了疯狂膨胀的泡沫，酿成了严重的经营风险和法律风险，2018年其创始人涉嫌经济犯罪被判有期徒刑18年，安邦保险最终被监管接管。

安邦模式的兴起，看似找到了"资产驱动负债"的捷径，实则埋下重大隐患，既有公司战略违背行业发展规律等问题，也充分暴露了我国当时市场环境的脆弱和法治监管不完善问题，未来我国金融发展改革要创新和监管并重。

产融结合篇：以复星等为例

产融结合平台是产业资本和金融资本相互融合的产物，产融平台一般立足于实体经济，基于自身对金融服务的需求，通过股权、人事等方式向金融领域蔓延。产融结合通常有三种形式：最简单的形式是财务公司，仅限于企业内部资金流转和调配；其次进化为供应链金融，将产业链上下游企业的金融服务需求打通；最终形式是金融控股，此时产业与金融已经深度融合，相互依附支撑。

产融结合平台是时代发展的客观产物，在全球范围内，美国、日本、韩国均产生过大型产融结合平台，我国在近10余年内，大型企业也纷纷打造自身产融平台。究其原因，从产业角度看，全球化分工体系下，跨境贸易和投资催生了大型企业集团，除传统融资需求外，还对产业整合、证券化等一揽子金融服务需求强烈，产融结合正好填补了这一市场空白，满足了实体经济多元金融需求。从金融角度看，全球自20世纪80年代至次贷危机，奉行自由主义政策，金融混业化成为主流，金融具有高杠杆、高收益特征，在宽松的监管环境下，涉足金融业务也成为各路资本必争之地。

我国产融平台发轫于21世纪之初，早期以国有资本和地方产业资本为主，次贷危机后，随着政策放宽，民营产融平台迅速崛起。这些企业虽然并非以金融为主业，但却成为隐形金融巨头，有的成功转型为多元化产业集团，有的因关联交易、自融、掏空金融机构而陷入经营危机，有的因践踏法律而遭受制裁。

我们深入研究其商业模式与资本财技，产融结合诉求和资本运作方式可分为冲规模、扩融资、整合股权架构、追逐利润和现金流。一是寻求资产端冲规模。资产规模与企业的市场竞争力、融资能力息息相关，因此做大规模是很多产融平台的诉求。冲规模的捷径是收购优质资产，主要为上市公司、金融资产和不动产，因其质量优良且具备造血能力，能以较小成本撬动较大资产。二是寻求负债端扩融资。扩大融资来源、降低融资成本是产融平台的直接诉求，低阶玩法是债权融资和股权融资；中阶玩法是表外融资，以私募、资管等平台运作；高阶玩法是收购金融机构，充分利用信托、保险等金融机构自带的投融资功能。三是寻求权益端整合股权架构。股权架构分为控股、参股和隐秘持股。控股型适用于产业整合、获得实际控制权、撬动少数股东权益。参股型适用于战略投资或财务投资，进退灵活。隐性控股、交叉持股是最复杂的，满足了资本运作的特殊目的。四是追求美化利润。美化利润手段多种多样，小到多计收入、少计费用、交易价格有失公允等，大到虚构收入、资产倒卖等。有的平台关联关系复杂，左手倒右手、高溢价关联交易等大手笔财技屡见不鲜。五是追求现金流稳定。资产与负债现金流匹配、布局"现金牛"资产、周期互补，方是产融平台的正道，但部分平台就是为资金错配和腾挪而建立的，现金流往往是压倒资本运作的最后一根稻草。

2020年11月，《关于实施金融控股公司准入管理的决定》和《金融控股公司监督管理试行办法》正式施行，标志着非金融型金控公司正式纳入央行监管。反思经验与教训，健康发展的产融平台在于不忘初心，坚持金融服务实体经济，公司运作透明，公司治理有效，注重现金流，积极拥抱监管。走向末路的产业平台多是未能认清时代变化，盲目扩张、杠杆加倍、风险期限严重错配，忽视了法律底线和经营风险；同时公司治理严重缺失，搞"一言堂"，缺乏自身纠错机制，也为公司衰落埋下了伏笔。

复星：多元化集团发展逻辑

复星集团的创始人郭广昌被誉为中国版巴菲特。复旦哲学系毕业的他，以敏锐的洞察力捕捉到 90 年代中国改革开放机遇，1992 年下海创办复星，初始资金只有 3.8 万元。从最初的医药和地产起家，2000 年以来积极参与混改，涉足钢铁、零售等多元行业，2010 年开启全球化战略，版图扩张至健康、娱乐、保险、基金等轻资产行业。发展至 2020 年，复星集团已经成为一家总资产超 7 000 亿元，营业收入超 1 300 亿元的产业运营集团。

复星作为中国目前经营相对成功的一家产融平台，经济周期更迭、大风大浪依然屹立不倒，在多个领域都取得了不俗的成绩，其模式也为众多渴望实现产融结合的民营企业提供了参考，背后有怎样的投资逻辑？这位"中国版巴菲特"又有哪些过人之处？

一是找准业务模式，恪守能力圈。郭广昌给自己的定位就是要做产业整合者，以 PE 逻辑投产业。复星多以非控股股东的身份参与实体投资，在公司治理、资本对接、运营管理方面赋能被投资企业。即使多元化并购扩张，但依然恪守能力范围，较少直接干预企业经营，围绕"富足、健康、快乐、智造"布局金融、健康、文化、旅游、物贸五大板块，待企业成熟后上市，获取资本化收益。

二是站在价值的地板上与周期共舞。这句话出自郭广昌，也就是说在大周期里顺势而为，出现商机时敢于逆势扩张。复星的谋划步步紧扣经济周期、政策周期和企业周期。20世纪90年代布局医药和房地产赶上市场化改革大潮，2000年后布局的钢铁、矿业与中国经济周期保持同步，2008年次贷危机后，很多海外资产深度回调，复星又踩准国际化和消费升级逻辑，布局大量海外资产，每一次均获得业绩跃升。

三是现金流匹配，融资体系高度契合投资需求。现金流是企业的生命线，一个企业可以暂时没有利润，但不能没有现金流。复星融资体系专为投资需求而打造，最大限度地发挥集团对现金流的掌控力。随着集团投资的产融从重资产转向轻资产，融资体系也从传统银行贷款转向"保险+资管"新型渠道，为应对境外收购需求，复星专门打造以复星葡萄牙保险为代表的境外融资平台。与资产属性、地域分布高度匹配的投融资体系，保持现金流充裕，使其平稳度过近年来去杠杆的严监管周期。

明天系：权力与资本的游戏

"明天系"起家于计划经济向市场经济转轨时期，堪称最为隐秘的资本帝国。1998年创立，早期靠受让法人股、炒作股价获得第一桶金，此后抓住金融机构改制契机，逐步打造全牌照金控集团。峰值时期参控股金融机构40余家，上市公司10余家，资产峰值高达3万亿元。

在资产端,"明天系"先后两轮染指上市公司。1997—2001年低价入手国有股,2012—2013年借金融机构融资高调举牌,偏好食品、化工、房地产、能源等传统行业小盘股,参控股上市公司10余家;同时,踩点金融机构改制重组潮,以"城商行—证券信托—保险"等路径入手40余家金融机构,几乎笼络全部金融牌照。收购的资产虽多,但疏于经营,最终以实业经营业绩亏损、金融机构投资踩雷、海外利益输送、内部人腐败等方式形成巨额坏账。

在融资端,"明天系"将上市公司和金融机构作为"提款机"。针对上市公司,"明天系"青睐具有配股资格或刚完成配股的投资标的,再利用关联交易将流动性输送至系内影子公司;针对金融机构,除了直接操控银行违规放贷,更多以金融机构股权质押发行信托产品。粗略核算,"明天系"持股期间四大上市公司平台和核心金融机构资产减值超过8 000亿元。

在权益端,"明天系"通过股权代持、设立大量壳公司的方式形成隐秘复杂的网状持股链条,再直接派驻管理人团队以抓实对机构的控制,实现"关联交易非关联化"的目的,规避监管;金融机构内部合规风控形同虚设,公司治理机制严重缺失,内部人控制、隧道挖掘问题突出,导致巨额资金被占用。

2017年以来,随着法律制度和监管体系完善,防范化解金融风险成为重要议题,2020年包商银行宣布破产,另外9家金融机构被接管,庞大的"明天系"走向下坡路,给人们留下了深刻的启示。

在企业层面,"明天系"打造了完整的多元化平台,但疏于实业经营,仅凭借金融平台的内部资金空转,造成资本空心化。2017年后,金融监管逐渐加压,深化去杠杆、破刚兑,加上信息化监管技术的采用,资本穿透的要求更加严格,庞大的金控集团体系在整合及风控等方面面临着重大的挑战，合法合规是企业经营的底线，稳健创新才能使基业长青。在行业层面，2019年包商银行被接管，打破了长久以来存在的银行作为信用主体的刚兑预期，给市场敲响了警钟，行业内流动性分层现象加剧，中小银行流动性风险加大，监管应重视对中小银行的经营现状和风控的监管，防止银行沦为控股股东的"提款机"，实施精准拆弹。在监管层面，"明天系"长期游走在灰色地带，随着法律制度和监管体系的完善，防范化解金融风险成为重要议题，金控监管新规的出台和金融委的设立均标志着混业监管的到来；同时，部分金控集团高杠杆野蛮扩张，爆仓后风险向行业和社会传导，因此完善公司治理成为金融企业改革的重中之重。

华信系：隐形石油帝国的崛起与陨落

16年的时间，是什么力量让一家名不见经传的民营油商，摇身变为收购俄罗斯国家石油的第三大股东？是什么机缘使一个福建小镇青年成为世界500强中国公司最年轻掌门人？是什么原因使隐形石油帝国像流星一样快速崛起和陨落？

中国华信于2002年由25岁的福建商人叶简明白手起家创立，2006年涉足石油化工贸易，2015年从贸易商转型为储备商，打造能源、金融帝国，收购境内外油气资源，2017年以轰动一时的俄罗斯国家石油收购案进入公众视野，连续4年入选世界500强，叶简明也被《财富》杂志评选为世界500强中国公司最年轻掌门人。2018年，因叶简明接受调查，华信系被卷入了债务违约、股权冻结、诉讼等一系列事件，并最终在2020年宣布破产。随着华信轰然倒塌，这个隐形石油金融帝国浮出水面。

华信财技与其商业模式密不可分。2015年以前，在贸易商模式下，华信通过关联交易做大营收，以PX(对二甲苯)、混合芳烃、石油进口贸易为主业。一是类关联交易，左手倒右手。华信广泛设立外围公司，这些公司虽然不具备法律意义上的关联关系，但人员交集甚密，充当华信的交易对手方，故意拉长贸易链条，做大交易流水。二是信用证融资。做大贸易流水后，华信先后从8家银行开立信用证，获得短期融资，开立信用证所需保证金微乎其微，降低融资成本。

2015年华信转型成为油气储备商，以能源业务为主，金融配套为辅。能源布局获国内外支持。华信投资700多亿元布局上游油气资源，交易对手均为国家政要或世界级石油公司，受到俄罗斯、捷克、哈萨克斯坦、乍得、阿布扎比政要欢迎，资金来源获国资背景金融机构支持。金融布局境内外双管齐下。在国内，华信拥有证券、期货、银行、保险等重要金融平台，通过复杂的关联交易输血能源项目；在国外，控股金融集团，设立300亿元全球并购基金，匹配境外能源产业发展所需的巨额资金。

"华信系"的失败，既有激进扩张、经营不善因素，也有外部环境骤变因素，但归根结底在于缺乏有效的公司治理和商业模式根基，也就是公司的基因出了问题。在利益驱使下，华信走上了不归路，即使进入金融市场和国际市场，其依然无视社会规则与法律，财务造假、腾挪资产、贿赂国际官员。直到实控人被调查，监管出手，将公司风险及时控制住，才避免形成系统性金融风险。

互联网金融篇：以金融科技为例

长期以来，中小企业和长尾客户数量庞大、信用下沉，传统金融体系难以触达，金融服务需求难以被满足，因此普惠金融一直是各国孜孜不倦追求的目标。互联网的普及以及在金融领域的渗透，给普惠金融带来了解决方案，成为金融创新的方向和趋势，但问题与风险也接踵而至，促创新和防风险是永恒主题。

早期以P2P（点对点网络借贷）为代表的互联网金融商业模式被证伪。P2P打着普惠金融的旗号从事个人借贷信息撮合，创新之处在于减轻了信息不对称、降低了金融服务门槛，长尾客户也能获得金融借贷服务；但实际上高度依赖违规担保、资金池运作才得以维系，甚至有些平台挪用客户资产、设计庞氏骗局等，逐步异化为游离于监管之外的信用中介，风险成分远远大于创新成分。无论是在国外还是国内，这一模式均被证伪。

近年来，互联网巨头涉足金融服务，对现有传统金融格局造成了一定冲击。互联网巨头依托大数据优势让金融惠及更多长尾客户，移动支付、线上投资、线上借贷、保险科技等切实提高了金融服务效率，精准触达客户需求，控制了坏账风险，重塑了传统金融服务流程。但对于互联网金融科技而言，技术只是手段，归根结底利源仍是金融。如果不加以监管，则容易滋生隐性杠杆高企、数据隐私安全、消费者权益侵害等风险，一旦出现极端情形，平台风控失效，风险将向银行转移，酝酿系统性风险。

面对互联网冲击，传统金融机构也纷纷发力金融科技。在国外，国际领先的资管机构普遍把金融科技作为战略发展方向。全球最大的资管巨头贝莱德，以技术手段为巨额资产保驾护航，阿拉丁系统走在全球资管科技前列。在银行资管领域，摩根大通信息技术投资近 100 亿美元，占营业收入比重的 10% 左右，主要用于数字银行、在线投顾和电子化交易、区块链、实时支付等。在券商资管领域，高盛团队中科技人才规模占比达 1/4，其自行研发交易引擎证券数据库，在市场极端情况下多次避免了重大损失。在高端财富管理领域负有盛名的瑞银，曾在 2016 年涉足智能投顾，尝试客户下沉，降低起投门槛，但两年来运行并不理想。2018 年瑞银决定退出智能投顾领域，转型打造统一的科技平台服务。在我国，部分金融机构将科技上升为战略并重视执行，例如平安探索的陆金所已孵化上市，但就行业而言，整体金融科技投入和人才储备不足，银行和保险科技投入占营业收入的比例约为 2%，主要落地在信贷、保险产品设计等场景；证券和资管科技资金投入少，前沿科技渗透较低。

长远来看，金融科技仍然是大赛道、大趋势，但创新导向将从浅层次的获客创新、渠道创新，升级为深层次的技术创新，更好地服务实体经济和普惠大众。金融机构数字化转型并非易事，很多资管机构尚未形成明确的战略路线图。随着金融科技的发展逐步进入深水区，在政策的持续引导下，大型互联网企业和金融机构有望进一步利用数据和技术优势共同合作，承担起推进金融科技创新的责任，着眼于攻克更长远的前沿技术难题，服务实体经济，在解决民营小微企业融资难、融资贵等问题上发挥成效，与国家战略相契合。

中国金融科技的现在与未来

金融与科技深度融合成为全球趋势，深刻改变了金融服务市场格局，对传统商业模式和监管规则提出了新挑战。如何看待金融科技创新？如何引导其规范发展？

第一，金融科技是技术驱动的金融创新，以技术为手段，目标和利源仍在金融。金融科技自20世纪80年代兴起，经历金融信息化、互联网金融、金融与科技深度融合三大阶段，截至2021年，全球金融科技投融资达2 120亿美元。中国金融科技后来居上，2018年金融科技投融资达到阶段性高点，形成少数大企业主导的市场格局。

第二，细分市场：应用场景和赛道众多，金融机构与互联网企业各有优势，竞争与合作共存。总体来看，传统金融机构具有牌照、资金、风控优势，但创新和执行力是短板，不是制定了战略、购买了技术和软件就能完成数字化转型，归根结底在于将数字化认同和文化深度融入业务逻辑。互联网企业具有创新基因、丰富的场景和流量优势，多以"支付+场景"为入口，向金融机构导流，但稳健经营和风险控制意识不足。两类机构将分别发挥各自优势，创新基因与稳健基因相互碰撞交织，在竞争中长期共存。

银行：资金投入充足，发力数字化转型。2019年主要上市银行技术投入高达1 079亿元，偏好自建科技子公司或合作开发。应用场景包括消费信贷、供应链金融、智能柜台、智能投顾等，通过大数据、AI（人工智能）贷前精准营销，贷后动态监控，构建信用评级体系，大幅提高业务质量和效率。主要挑战在于转型时间长、数据处理难度大等。

保险：应用场景广泛，发展迅速。头部保险凭借数据和资金优势自行研发，互联网保险公司主要切入营销、定损等局部市场，2019年技术投入达319亿元。保险产品在设计、销售、投保核保、理赔等环节均有金融科技渗透，显著扩大了保险覆盖范围。保险的主要挑战在于保险技术应用"重销售、轻服务"，中小险企数据运用和管理水平有待提升。

证券：零售经纪和机构业务应用较广。2019年证券技术投入约205亿元，主要应用于经纪、机构服务等标准化业务上，在投行、合规风控等依赖人力和经验的业务中尚未大规模应用。目前，证券科技同质化严重，且涉及全资本市场基础设施改革，尚待顶层设计统筹推进。

资管：主要运用于投研决策、量化交易、智能搜索领域。2019年大资管行业存量规模约82万亿元，涵盖基金、银行理财、信托、券商资管、保险资管等机构，其中基金行业在金融科技运用方面较为领先。但轻资产商业模式决定了资管行业难以大规模投入技术资金，基金业技术投入不足20亿元、信托业为15亿元，目前的金融科技水平难以完全取代人力，主要起到智能搜索、量化交易、投研辅助作用。

互联网金融科技平台：大型平台企业主导，渗透支付、借贷、理财、技术输出等细分领域。我们选取了10家样本企业进行观察，企业涵盖电商、社交、本地生活、直播等不同领域，但涉足金融服务的路径相同，均以获取支付牌照为敲门砖，导流至高利润的借贷和理财板块，同时利用数据和技术向金融机构输出技术解决方案。但也酝酿了高杠杆、系统性风险、隐私保护、垄断等问题，引起相关部门高度关注。

第三，监管导向：全面升级，鼓励创新与规范发展。早期国家对金融创新持包容态度，但P2P等风险事件极大地挑战了监管底线。因此，监管部门开始提前预判互联网金融科技的潜在风险。在顶层设计上，强调鼓励创新与规范发展并重；在监管主体上，金融委、央行、银保监会、证监会、市场监管总局多管齐下，提前介入，不留监管死角；在监管思路上，推出中国版"监管沙盒"试点，打造培育创新与规范发展长效机制。

第四，展望未来：2020年是金融科技发展的分水岭。如果说上半场的关键词是巨头崛起、创新商业模式为王，下半场则是重建规则、靠硬实力取胜。金融科技未来发展面临四大趋势：一是短期内面临强监管，长期仍鼓励创新与风险预防并重。二是金融科技前景依然广阔，市场主体日趋多元，合作大于竞争。三是随着新基建、数字经济上升到国家战略高度，人工智能、区块链、云计算及大数据深度融合，推动金融科技发展进入新阶段。四是商业模式或被重塑，更好地服务实体经济、普惠金融、提高科技硬实力是三大发力方向。

金融模式的成败启示

通过研究高盛、罗斯柴尔德、瑞银、贝莱德、黑石、伯克希尔、平安等国内外大型金融机构发现，虽然所处行业、发展战略、商业模式各异，但成败有三点至关重要：第一，时代机遇，抓住时代发展机遇是大型金融机构崛起的前提；第二，商业秘诀，找到源源不断地产生正向现金流的商业模式，是稳坐金融业头部位置的关键；第三，基业长青，能否秉承创始初心、传承公司基因文化，并不断保持创新和拼搏进取精神，施以有效的公司治理，是公司有效传承并基业长青的保障。

第一，时代机遇。观大势、定大局、谋大事，金融巨子崛起的前提是把握时代发展机遇。每个企业、每个人最终都是时代的产物，金融业受经济趋势和国家政策影响较大。当今的金融巨子，无一不是抓住大国崛起或行业趋势的历史性机遇，在承担国家使命的同时，成就巨头伟业。而后起之秀，也是把握住了细分赛道的机遇，打造了自身优势护城河。反观被时代遗落的昔日巨头，因故步自封而丧失了创新和拼搏精神。

第二，商业秘诀。金融巨子成功的关键是找到符合自身优势、源源不断地产生正向现金流的商业模式。商业模式纷繁复杂，但万变不离其宗，现金流是解锁商业密码的钥匙。商业模式是否可持续，归根结底要看现金流能否覆盖支出和成本。好的商业模式，经营活动自身可以产生源源不断的正向现金流，维持自身运转并持续创造利润，对外部杠杆融资依赖程度较低。中等的商业模式，短期内经营现金流入不足以覆盖支出，需借助举债融资、政府补贴或股东输血，依靠融资现金流来支持运转，如果未来现金流足够偿还债务本金和利息，也是可持续的商业模式。坏的商业模式，自身缺乏造血能力，基本依靠融资现金流来维持，而一旦未来现金流连利息也无法偿还，则会变质为庞氏骗局，走向债务深渊。

聚焦到金融领域，金融的本质是资金融通，商业模式更为复杂，提供的商品和服务是虚拟的、无形的，短时间内很难验证商业模式是否成立，但如果牢牢抓住现金流这把钥匙，就可以看透金融商业模式的底层逻辑，辨别金融创新与金融骗局。

好的金融商业模式，是现金流与客户、项目、资产一一匹配，有效覆盖经营成本与风险成本。高盛的投行业务、瑞银的财富管理、黑石和贝莱德的资产管理业务，均为典型的轻资产模式，每做一笔业务赚一笔钱，赚取的是中间业务收入。这类商业模式不需要前期重资本投入，依靠资产获取、产品创设、客户服务、投资交易、风险控制等能力打造护城河，为客户提供差异化、专业化、高附加值的服务，现金流非常稳定。伯克希尔、平安、泰康以及产融结合平台,走的是"重资产"模式,将募集来的资金并入资产负债表,赚取利差。伯克希尔商业模型的成功,正是基于对底层资产现金流的严格把控,每一笔投资都能产生正向现金流,严防偿付和流动性风险。复星作为中国快速崛起的一家产融平台,很大程度上得益于收购"现金牛"资产,负债与资产的风险敞口相匹配。

反观失败的商业模式,有的靠股东输血、有的靠借新还旧,当现金回报不能覆盖债务利息时,便陷入庞氏骗局。有的产融平台收购大量没有造血能力的垃圾资产,依靠炒概念、关联交易做大资产规模,掏空上市公司,将金融机构作为"提款机",还有的互联网金融商业模式,依赖违规担保、资金池运作,成为游离在监管之外的信用中介,甚至有些平台挪用客户资产自融、非法集资、沦为庞氏骗局,褪去华丽外衣后,现金流根本无法做到一一匹配和覆盖,金融伪创新暴露无遗。

第三,基业长青,金融巨头地位维持的基石在于公司基因能否传承并不断创新。"性格决定命运",人如此,企业也如此。一家企业的性格或者基因,很大程度上受其创始人或管理人塑造和影响。第一代创始人通常是公司的灵魂人物,对公司战略决策掌控力最强,为公司注入基因,带领公司乘风破浪。但公司如何在未来接管人手中依然保持战略定力、进取精神和纠偏机制,这就需要一套制度文化和治理机制。研究发现,成功的公司基因,通常包括开放包容的公司文化、行之有效的治理机制,能帮助公司筛选出有能力的管理者;反之,封闭的公司文化、过于集中或过于分散的股权结构、形同虚设的公司治理、无视法律底线,是金融机构走向衰落、灭亡的根源。

百年未有之大变局，金融机构大有可为

一个人、一个企业的价值取决于对他人和社会的贡献。伴随着中华民族伟大复兴、经济高质量发展，我国需要一批金融机构登上国际舞台，承担历史使命，维护国家金融安全，助力中国从金融大国走向金融强国。百年未有之大变局，也是百年未有之大机遇，我国的金融机构未来大有可为。

第一，从宏观趋势来看，金融机构要正确把握服务实体经济、科技创新、双循环、新基建等国家战略导向。"十四五"时期，国家加大构建"以国内大循环为主体、国内国际双循环相互促进"的新发展格局，大力发展新基建、高端制造业、科技新兴产业，力争突破"卡脖子"技术瓶颈，形成新的经济增长点。金融机构在畅通金融体系与实体经济良性循环方面具有重要作用，提高资本使用效率，让资金流向国家需要、实体经济需要的地方，这是金融机构的历史使命和时代任务。金融机构要立足服务国家战略和服务实体经济，制订发展战略和目标，在为金融强国战略贡献力量的同时，开辟一番伟业。反之，违背国家战略、助长资金脱实向虚、监管套利的金融机构，将被时代抛弃。

第二，从行业发展空间看，财富管理、绿色金融、养老金融等服务需求缺口巨大。我国拥有全球最大的统一市场，以及世界最大的中产阶级群体。金融机构需牢牢把握人民日益增长的美好生活需要，例如，居民可支配收入提高，财富积累不断增长，财富管理和资产配置需求旺盛；在人口老龄化、少子化的大趋势下，创新养老金融服务产品体系，发力第二、第三养老支柱，大有可为；随着"碳中和、碳达峰"战略目标深入推进，发挥金融在减排、环保等方

面的作用,亟待破题。诸如此类还有很多需求有待金融机构挖掘和满足。

第三,金融供给侧改革,引领金融机构高质量发展、探索差异化竞争优势,商业模式升级空间巨大。伴随资本市场发展、间接融资向直接融资过渡,规范化、市场化水平不断提高,金融商业模式将面临升级。一方面,在传统金融模式上,轻资产模式从牌照逐渐向人才、经验、技术等稀缺资源升级,重资产模式从利差收益转向注重资产负债匹配、流动性匹配和风险管理。另一方面,随着新经济蓬勃发展,居民从单一金融产品向多元服务、产业链延伸,除了传统金融模式,金融行业也需紧跟时代潮流,建立客户导向、服务导向思维逻辑,从用户需求出发解决痛点,例如"理财+消费""健康+保险"等创新场景层出不穷。在这一过程中,大型机构全能型优势不断强化,中小机构也可以通过差异化发展脱颖而出。

第四,新金融呼吁新监管,国际化、市场化、法治化是大方向。近年来,监管机构协调效率大幅提高,对大股东和实控人的监管趋严,金融乱象逐步得到整治。与此同时,混业化大背景下,金融巨子、大型金融集团是国际金融竞争的排头兵,行业的兼并整合、集中度提升是大势所趋。为此,新金融呼吁新监管,新监管将是微观审慎与宏观审慎相结合。在微观方面,从机构监管逐步向行为监管、功能监管过渡,利用大数据提高监察能力,及时发现和管控机构和市场风险,鼓励金融机构稳定合理的股权结构和完善的治理体系;在宏观方面,适当推动金融混业健康发展,加强系统性金融风险的监测、评估、预防、处置机制。

第五,金融开放是大势所趋,中国金融机构走向国际舞台,机遇与挑战同在。随着金融开放的大门逐渐打开,中国金融机构与国际巨头同台竞争的一天终将到来。机遇在于，一是引入长期增量资金，带来先进的业务及管理经验，发挥鲶鱼效应，提升整体竞争力；二是将催生跨境金融服务大发展。挑战在于，我国金融监管政策也将逐步向国际成熟市场看齐，注册制推广、佣金自由化、利率自由化等是大势所趋，对金融机构市场化定价能力、风险收益匹配能力提出更高要求。国内金融机构面临的内外竞争愈加激烈，应当借鉴成功的海外金融巨头的国际化经验，走出国门，争取国际市场份额，积极应对国际挑战。

第六，金融科技、数字金融是下一轮全球金融竞赛的制高点。2020年是中国金融科技发展的分水岭，监管趋严，旨在鼓励创新与防范风险并重，但金融与科技深度融合的步伐不会停滞。前沿技术不断进步、数据要素重要性提升，将推动金融科技从商业模式浅层次创新发展进入新阶段。下一轮金融创新将以科技为轴心展开，国际金融巨头纷纷布局金融科技业务。我国互联网金融技术和市场规模均位于世界第一梯队，应发挥金融科技服务实体经济、普惠金融、提高科技硬实力的作用，提高资产定价和风险管理能力，助力我国金融竞争力的跃升。

第七，资本向善，金融服务普惠性，将成为衡量金融机构发展质量的重要考量。在过去几十年，资本扩张以提高效率为导向，如今公平与效率的重要性天平重回平衡，共同富裕、缩小贫富差距被提到战略高度。大型金融机构是资本积聚的结果，如何善用资本，使资本发挥正向作用，做大规模但不能滥用市场地位，提高市占率但不能排挤正当竞争，让资本成果惠及长尾客户，是每一个金融机构需要思考的新课题。

投行资管篇

第一章

高盛：顶级全能型投行崛起之路

高盛崛起之路堪称传奇，也饱受争议。有人认为它是富有传奇色彩的金融帝国，是全球资本市场建设学习的"榜样"；也有人认为它是不择手段的阴谋集团，通过"旋转门"笼络政府人才，势力蔓延到世界各个角落，充当了美国的"经济杀手"，是割全世界"韭菜"的"镰刀"。高盛成为顶级投行的背后到底有何过人之处？本章力图客观展现高盛崛起之路。

1869年高盛成立时是一家名不见经传的票据商和小型投行，发展至今已有150余年历史，度过数次危机，仍然屹立在投行之巅。我们认为，高盛成功的秘诀是密切的政商关系、围绕机构客户打造全能型投行模式，以及经久不变的商业进取心。

在政治资本上，高盛伴随美国共同崛起，积极参与政治活动，积累了宝贵的政商资源。将美国金融影响力推广至世界各个角落，先后为美国政坛输送过3位财政部部长、4位美联储地区主席，10余位高管担任过美国高级经济政策顾问，同时通过"旋转门"笼络政府人才，打开了政商界客户资源。

在商业模式上，高盛定位于全能型投行，投行、并购、做市、衍生品等业务条线都围绕机构客户需求打造护城河，提供全面、专业的服务，长期保持国际顶级投行的地位。敏捷的交易能力、高超的风险定价能力是高盛模式的护城河，它擅长以最快的速度捕捉机会，出现在众多著名交易案例中。

在进取精神上，高盛长期以来保持合伙人制度文化，奖惩分明，保持经久不衰的进取精神，根据时代变化灵活调整业务板块，确保屹立不倒。它对我国发展壮大证券行业的启示在于，顶级国际投行的外部条件需要鼓励创新的政策环境和开放的市场环境，内部条件需要加强资本实力、风控能力、人才培育、激励机制等。*

---

* 本章作者：任泽平、曹志楠、黄斯佳，实习生赵唯琛对数据更新有贡献。

第一节　顶级投行与金融帝国成长史

一、150年投行崛起传奇：是天使还是魔鬼

起步期（1869—1931年）：票据起家，折戟资管

1869年，德裔犹太人马库斯·戈德曼（Marcus Goldman）举家迁到纽约，以票据贴现业务起家，成为放贷中介。1888年戈德曼任命他的女婿塞缪尔·萨克斯（Samuel Sachs）为合伙人，公司更名为高盛。美国南北战争后，银行信贷利率维持在一个很高的水平上，给高盛发展票据贴现业务创造了盈利空间。19世纪90年代，高盛已经成为全美最大的商业本票交易商，营业收入也由1882年的5万美元倍增至1890年的3 100万美元，1894年达到6 700万美元。

19世纪最后20年,美国完成了规模宏大的工业化进程,修建铁路等重工业建设进入尾期,时值制造业起飞前夜,高盛与雷曼兄弟合作包销证券,完成了沃辛顿泵业公司的债券承销与西尔斯在欧洲的股票发行等业务,成为真正意义上的投资银行。高盛深谙制造业相对重工业的商业模式差异,开创了"以公司未来的盈利能力而非当前的固定资产总值作为衡量公司股票发行价值"的定价方式,开辟了新市场。

在第三代领导人沃迪尔·卡钦斯的带领下,高盛试水投资信托业务,成立了高盛交易公司,通过层层控股加杠杆,以不到2 500万美元的总资本掌控了5亿美元的投资。但在大萧条中遭受重创,1931年高盛巨额亏损1.2亿美元,占合伙人原始投资的92%;当年华尔街排名前14位的信托公司累计亏损1.725亿美元,高盛交易公司占其中的70%,濒临倒闭,被阿特拉斯公司低价收购,此后40年间高盛均未涉足资管业务。

追赶期(1932—1974年):重振投行业务,跻身顶尖行列

西德尼·温伯格(Sidney Weinberg)临危受命,重塑高盛声誉。温伯格是高盛的传奇领军人,他13岁辍学,16岁时以临时工的身份加入高盛,但拥有高超的沟通才能和学习能力,1927年成为合伙人,1930年临危受命,此时深陷投资失败泥潭的高盛声誉败坏,5年内没有一笔承销业务,1929年到"二战"结束的16年间只有一半年份盈利。

温伯格上任后在三个方面重振高盛:

一是打通政商关系拓展人脉,重振投行业务。1932年罗斯福

首次竞选总统时，因抨击总统与华尔街关系暧昧而受到排挤。温伯格成功押注罗斯福并提供竞选资金，后被委以重任，牵头成立商务顾问及策划委员会，1941年应邀任职战时生产委员会主席助理，为总统物色、选拔商业人才，由此结识了众多社会精英，例如福特二世，这为高盛带来了资源和机会。

二是持续付出，开拓客户。温伯格鼓励公司以免费方式开发新客户，重塑高盛的品牌和价值，他亲自为福特提供了长达9年的免费服务，终于在1956年拿到福特汽车IPO订单业务，创造了当时最大的融资计划，高盛由此跻身顶级投行榜单。

三是打造防御收购的品牌。20世纪六七十年代，时值美国混合并购浪潮，高盛建立了华尔街第一个兼并收购部，率先打出"防御收购"的旗帜，树立了"与中小企业站在一起"的正面形象，获得了大量业务，至今并购咨询仍是高盛的"王牌"业务。

成熟期（1975—2007年）：行业竞争加剧，向重资产业务转型

时值美国新旧经济动能转换，全球金融体系变革，美国资本市场发生了翻天覆地的变化。一是1971年布雷顿森林体系瓦解，各国采用浮动汇率制，开始利率市场化，汇率、利率波动增加，催生了金融衍生品服务需求；二是1981年401k计划推出，共同基金和养老基金等大型机构入市，机构投资者崛起；三是1975年美国废除了长达185年的固定佣金制，佣金费率由1975年的0.5%大幅下滑至2001年的0.06%，同时1983年推出的储架发行制度提高了IPO灵活度。这几项变革加剧了投行在传统领域的竞争，大投行开始向重资产业务转型。

高盛抓住了时代变革机会。1976年，约翰·温伯格（John Weinberg）和约翰·怀特黑德（John Whitehead）成为联席董事合伙人，开创了业界闻名的"双头管理"时代。怀特黑德制定了"高盛14条业务原则"，进行大刀阔斧的改革。

一是高盛成为机构交易领军者。由于大宗交易承担信息不对称的风险，做市承担资本金损失的风险，大部分投行不愿涉足，高盛凭借高效的销售团队与大型机构取得密切联系，1976年获得纽约市养老基金的交易订单，负责5亿美元的大宗交易，打响了高盛在机构服务业务上的好名声。

二是高盛变革投行业务的商业模式，实施专业化分工。开辟中小企业客户群、将交易执行和业务承揽分离等，设立"投行服务部"专司发展和维护客户关系。1979—1984年，高盛的客户增加了500个，数量翻了一番，而每个人跟踪的企业家数从200家下降到100家，大大提高了服务质量。

三是高盛大力开发商品、衍生品和资管业务。20世纪八九十年代，国际投行参与大宗商品面临极大的政治舆论压力和严格监管，利润稀薄，德银、摩根等大型投行纷纷缩减或撤出商品领域。但高盛花大力气开发商品业务，1981年高盛收购了商品交易商杰润，业务从咖啡、黄金逐步拓展到原油、外汇，贡献利润占高盛的1/3，后并入固定收益商品部。1989年设立资产管理部门（GSAM），重启资管业务。

四是国际化拓张。80年代高盛抓住英国私有化浪潮，在欧洲与老牌本土投行抢夺市场，90年代转向新兴市场，1994年高盛进入中国，分享各个国家和地区的发展红利，国际业务利润占比40%，推动了国际资本市场建设。

五是公司改制上市。这一时期高盛引以为傲的"合伙人"制度走到尽头,1994年受墨西哥金融危机、美联储加息影响,高盛业绩急剧下滑,全年利润仅5.08亿美元,而以弗里德曼为首的34名合伙人突然辞职,提取资本金达到4亿美元,高盛受到重创,决心改制为股份有限公司,并于1999年在纽交所上市。

转型期(2008年至今):去杠杆、科技金融赋能、打造全能银行

2008年爆发全球金融危机,雷曼兄弟破产,美林被美国银行收购,贝尔斯登被摩根大通收购,高盛和摩根士丹利转为银行控股公司,行业格局重塑,独立投行向全能银行转变(见表1.1)。

表1.1 高盛各发展阶段赢利模式总结

时期	背景	代表业务	杠杆	融资来源	赢利模式	行业地位
起步期(1869—1931年)	金融监管框架尚未成型、工业大发展	商业票据、债券承销、信托投资	低	合伙人资本金留存	轻资产:佣金票据:息差	美国最大的票据交易商、二流投行
追赶期(1932—1974年)	分业经营、并购潮	投行业务、并购重组咨询	较低	资本金留存、引入战略投资	轻资产:佣金、咨询服务费	跻身顶级投行行列
成熟期(1975—2007年)	布雷顿森林体系瓦解、利率市场化、机构投资者崛起、佣金自由化、储架发行制	机构业务(固定收益证券、货币及商品期货、融资融券等)、自营业务、资管	高	担保融资、客户保证金等负债融资,股权融资	重资产:价差(资本利得)、息差	最大的大宗交易商
转型期(2008年至今)	混业经营	资本中介、股权投资	逐步降低	存款、长期借款等负债融资	重资产:股利、价差、息差	综合排名前三

资料来源:泽平宏观。

高盛在次贷危机中遭受亏损，获批成为银行控股公司。2008年高盛营业收入同比骤减51.7%。当年第四季度，高盛筹集207.5亿美元股权融资，其中50亿美元来自巴菲特，并向美国政府申请了242亿美元的紧急救助贷款；此外，高盛获批成为银行控股公司，在《巴塞尔协议Ⅲ》的要求下根据银行资本充足度的监管规则去杠杆，并依照《多德－弗兰克法案》"沃克尔规则"重组业务条线，剥离部分风险较大的自营业务，增加场外衍生品的透明度。

科技金融赋能，抢占金融科技先机。近年来，高盛开启了科技赋能打造现代全能银行的战略。2009—2015年第二季度，高盛共参与了私有科技公司的132笔融资交易，在银行业中居于首位。在金融科技方面，高盛集中于区块链和人工智能领域。2016年5月高盛推出网络银行GS Bank，初次涉足零售业务。2016年10月，高盛推出网贷平台Marcus，提供小额无担保个人贷款等。

高盛崛起之路堪称传奇，但也饱受争议。在20世纪70年代美国宾州中铁巨额票据欺诈案、90年代英国马克斯韦尔骗取贷款案、在次贷危机中做空美国地产、在希腊债务危机前帮助设计掩盖政府债务、在原油市场"猎杀"中国企业，均有高盛的身影，其被指责为协助财务造假的"帮凶"，但这些最终均以和解告终。高盛的成员渗透到多国政府，高盛也被誉为美国高官的"西点军校"，为美国政坛输送过4位美联储地区主席、3位财政部部长，10余位高管担任过美国高级经济政策顾问，掌握着美国经济金融大权。其业务遍布世界各地，被指责为充当美国的"经济杀手"。

二、经营情况

高盛早期维持高杠杆重资产配置，次贷危机后向轻型化转型。2009年前，高盛年平均资产增速达到19.5%，权益乘数平均高达22.3倍，2009年高盛获批成为银行控股公司，业务重心转移后，高杠杆的自营和做市业务缩减，资产规模稳定在9 000亿美元左右，平均权益乘数降至11倍（见图1.1）。去杠杆使ROE（净资产收益率）出现一定的下滑，从2009年前的20%左右降至10%左右。截至2020年底，高盛总资产为11 630亿美元，ROE为21.2%。

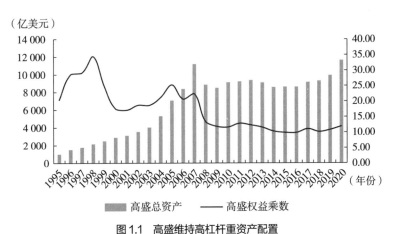

图1.1　高盛维持高杠杆重资产配置

资料来源：公司财报，Wind，泽平宏观。

高盛上市以来经历多次业务架构调整，2019年年底形成投资银行部门、全球市场部门、资产管理部门和客户及财富管理部门（见图1.2）。截至2020年，高盛总营收达到446亿美元，其中重资产业务包括利息收入、交易业务，分别占10.7%和50%，轻资产业务包括资管收入和投行业务，分别占 15.5% 和 20.5%。

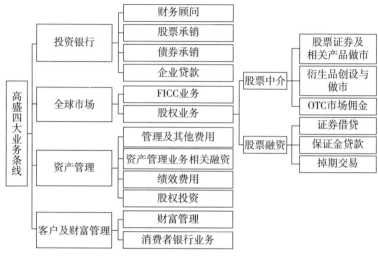

图 1.2　高盛当前的四大业务条线

资料来源：公司财报，泽平宏观。

投资银行业务是传统的轻资产业务，涵盖财务顾问、股票承销、债券承销、企业贷款四类，佣金和顾问费是主要的收入形式，市场准入门槛赋予的牌照价值是投行业务的初始利源。2020 年，高盛的投资银行板块资产占比为 10%，贡献了 21% 的收入、13% 的税前净利润。

全球市场业务分为股权业务和 FICC（固定收益证券、货币及商品期货）两大类，重点服务于买方机构客户做市、交易、融资融券等一揽子需求。利息、价差等是主要的收入形式。提升投资品种覆盖广度、提高敏捷交易能力成为赢利的关键。2020 年，全球市场板块以 73% 的资产贡献了 48% 的收入和 65% 的利润，是贡献收入最多的部门。

资产管理业务主要通过独立管理账户（如共同基金和私募基金等）向机构或高净值客户提供理财服务。该部门的收入形式表现为管理费、业绩提成等，驱动力来自投行的主动管理能力及业务销售能力。2020年该板块以8.2%的资产贡献了18%的营业收入和19%的税前净利润。

客户及财富管理业务是2019年新设立的业务条线，主要承担为客户提供个性化定制服务的任务，包括财富咨询、私人借贷、财务规划、定制投资方案及与消费者相关的银行业务。该部门的主要收入形式为管理费、业绩提成、利息。2020年该板块以9.2%的资产占比贡献了13%的营业收入和3%的税前利润。

第二节　全能型投行的商业模式

从商业模式来看，高盛有三类主要业态（见图1.3）。一是以投行、经纪、资管等为代表的轻资产业务，以牌照、人才、先发优势为驱动，对资金的需求不大，早期经营由合伙人资本投入、盈利留存以及战略投资者的投入可以维持运作，提高ROE的关键在于通过扩大业务规模来提高销售净利率。二是以回购协议、融资融券、股票质押、贷款等业务为代表的资本中介业务，核心是融资加杠杆能力，属于重资产经营业态，投行承担信用中介职能，是获取流动性、加杠杆的重要来源。高盛多渠道融资以及优惠的融资成本创造了独特的优势。三是资本交易业务，以做市、自营、股权投资等重资产业务为主，核心是产品定价和风控能力，投行承担风险中介职能，以开发资产端的客户需求为拉动引擎，高盛以敏捷的交易能力和高超的风险定价能力打造"护城河"。

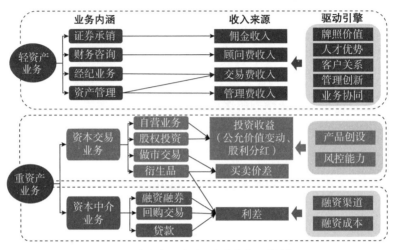

图1.3　投行轻重资产业务的价值驱动链条

资料来源：泽平宏观。

一、轻资产业务：扩大业务规模，提高销售净利率

赢利模式：并购咨询收入高居榜首，股票承销稳居前三

　　轻资产投行赢利模式，低阶玩法是依靠牌照开展通道业务，中阶玩法是通过人才和经验积累长期稳定的客户关系、提升市占率，高阶玩法是创造客户需求，为机构交易、信用中介等业务引流。高盛就是通过人才和经验的不断积累，在并购和股权承销方面力拔头筹，进而为夯实政商关系、产生业务协同打开了想象空间。

　　高盛轻资产业务中，股权承销表现最为突出。2020年，投行业务板块中，股权承销、债券承销、并购咨询收入平均占比分别为 36%、28%、33%。第一，财务顾问业务是高盛的传统优势项目，根据金融数据提供商 Dealogic 公开披露的 2017 年全球投行收入排名，高盛的并购咨询收入高达 24.50 亿美元，市场份额为 10.5%，高居榜首。第二，股票承销业务规模在 20 世纪 90 年代基本稳居行业前三。2017 年收入为 12.13 亿美元，市场份额为 6.9%，排名第三。第三，在债券承销上，2000 年后债券业务风险较高，高盛逐渐压缩规模，裁撤部门，债券承销规模从 1999 年后开始有所下滑，集中在第 7—9 名。2017 年债券承销收入为 12.04 亿美元，市场份额为 5.3%，排名第四。

驱动引擎：人才、客户、管理、协同

在人才培养方面，一方面，高盛注重内部人才激励，承销业务和财务咨询业务主要的费用支出项目是人力成本，1997—2019 年，高盛的人力成本占总成本的比重平均约 70%。另一方面，高盛长年向美国政坛输送人才，形成了稳定的政商关系，并由此结交了关键人脉，为高盛带来了业务。

高盛向美国政坛输送人才，时间长、官阶高、数量多，其他企业望尘莫及。高盛和美国政府的渊源可以追溯至西德尼·温伯格领导时期，他开启了高盛"商而优则仕"的传统。此后，财政部、美联储、议会、交易所等经济核心监管部门频现高盛身影。克林顿、小布什、特朗普三任总统的财政部部长都出自高盛；此外，美联储中 4 个地区的主席曾供职于高盛，占总数的 1/3；高盛首席合伙人格斯·利维（Gus Levy）于 1976 年创建了纳斯达克全美交易系统，高盛还为纽交所输送过首席执行官（见表1.2）。着力维护政商关系从某种程度上为高盛的"基业长青"扫除了阻碍。一是借从政拓展业务。温伯格为罗斯福总统效力期间结识了亨利·福特，为高盛崛起创造了契机。二是危机下获取关键资源补给。2007—2008年高盛凭借准确无误的对冲组合在次贷危机中获得丰厚利润；危机爆发后，高盛获批成为商业银行控股公司，由此从美联储获得贷款。

表1.2 在高盛任职的重要政界人士

部门	人物	在高盛的职务	政界任职情况	任职时期
财政部	罗伯特·鲁宾	首席合伙人	财政部部长	1995—1999年
	亨利·保尔森	董事长	布什政府财政部部长	2006—2009年
	史蒂芬·努钦	任合伙人17年	财政部部长	2016—2020年
	盖瑞·甘斯勒	高盛合伙人	财政部副部长/商品期货委员会	2002/2009年
美联储	威廉·杜德利	合伙人兼董事总经理	美联储纽约州总裁和美国联邦公开市场委员会副主席	2009年
	帕特里克·哈克	信托独立受托人	美联储费城总裁	2015年
	罗伯特·卡普兰	亚太投资银行高管	美联储达拉斯总裁	—
	史蒂夫·弗里德曼	联合董事长	纽约州美联储副主席	1990—1994年
纽约证券交易所	约翰·塞恩	总裁兼首席运营官	纽交所首席执行长	2003年
	格斯·利维	董事合伙人	纽交所主席，林肯中心财务总监	1976年
	吉姆·黑姆斯	银行业务副总裁	国会议员	2008年
议会	约翰·科尔津	主席	国会议员/新泽西州州长	2001/2006年
	拉姆·伊曼纽尔	高盛合伙人	国会议员/奥巴马白宫幕僚长	2003—2010年

续表

部门	人物	在高盛的职务	政界任职情况	任职时期
经济顾问	史蒂夫·班农	副总裁	特朗普内阁首席战略家和高级顾问	2016年
	乔舒亚·波顿	执行董事长	白宫办公厅副主任	2001—2006年
	盖瑞·科恩	总裁兼首席运营官	美国国家经济委员会主任	2016年

资料来源：《掌控世界的26位高盛系人士》，泽平宏观。

在客户关系方面，一方面，高盛定位于中小企业，旗帜鲜明地提出"收购防御"策略。1976年纳斯达克全美交易系统开始运作，中小企业对投行业务需求呈现井喷式增长，同时期并购政策宽松，中小企业非常容易遭到恶意收购的攻击，此时高盛定位于服务世界500强以外的中小企业，旗帜鲜明地提出"收购防御"策略，避开与其他投行在大企业客户上的直接竞争。另一方面，高盛挖掘客户需求，积极开发创新性业务。例如，与传统的以发行人为主导的投行承销模式相反，高盛从机构投资者处获知其对特定证券感兴趣时，转而联系发行人，使发行承销无缝对接，消灭承销风险，无须占用资本金，承销费用低廉。再如，将大宗交易创新性地推广到一级市场上，向有购买意向的机构直接兜售大宗新发股票，使客户以更低的发行成本融资。

在管理方面，高盛率先实施专业化分工，再造投行业务模式。高盛创新性地将传统投行的交易执行和承揽业务分离，单独设立"投资银行客户服务部"，获得业务后将执行责任交给对应的交易专家，同时对其负责的客户建立全面的信用档案并深入研究，做到前瞻性地捕捉业务机会。

在协同方面，高盛建立机构业务与投行业务联动。一方面，投行业务为商业票据、贷款等业务引流。在杠杆收购的例子中，高盛受聘担任企业并购的财务顾问，并承诺交易完成后为买方提供过桥贷款；收购完成后，高盛担任垃圾债券的承销商，以目标公司为主体发行大量垃圾债券为并购交易融资；发行成功后，高盛使用募集的资金置换过桥贷款，从中可以获取顾问费、贷款利息、承销费用等多项收入，将各部门业务联动起来。另一方面，机构交易业务大发展为投行业务奠定了客户基础。高盛开展机构交易业务时，能接触到大量机构投资者，并且能通过强大的分销网络为交易提供流动性，确保承销时二级市场流动性充足，并降低发行成本。

二、资本交易业务：使用杠杆，获取价差收益

赢利模式：全球市场部门贡献四成收入，以做市业务为主要来源

全球市场业务是为股、债、外汇、衍生品等提供的一揽子交易服务，包括创设、做市、自营、账户管理等，赚取证券价差和管理费，平均营收贡献比重高达 50%。全球市场业务分为 FICC 和权益，分别服务非股权和股权类交易。2020 年 FICC 做市业务净收入为 89.7 亿美元，净利息收入为 25.6 亿美元；权益市场做市净收入为 65.7 亿美元，净利息收入为 –3.3 亿美元，佣金和费用收入为 33.47 亿美元。

根据产品种类来看，场内市场在交易所内进行，标准化、流动性高，投行发挥通道职能居多；场外市场是报价驱动市场，流动性较差、多为非标准化证券，买卖双方报价时间不对称致使其

不能总是找到合适的交易对手。做市商的职责就是将自己作为对家与客户进行交易，以自有资本持仓为交易对手方提供流动性，可以获得价差、利息和佣金收入。高盛做市在资本交易中占比高达70%，其中又以信用、货币、股票类产品做市为主，2009—2020年平均收入占比分别为24%、19%和35%。

驱动引擎：衍生品创设和风控能力

在资本交易业务中，投行承担风险中介的职能，承担流动性、市场和信用风险，高盛赢在创设风险产品以及做好风险管理。

一是场外市场创设衍生品，提供流动性，收取保证金。从市场来看，高盛衍生品交易主要是在场外市场进行。根据国际清算银行数据，全球场外衍生品名义本金高达500万亿美元，给重资产的高盛带来了发展空间。以名义值计算，2013—2020年，高盛场外衍生品交易平均占比87%，是场内的7倍。凭借场外衍生品交易，高盛可以收取高额保证金，但也出现了多起金融衍生品欺诈案。从品种来看，高盛衍生品交易覆盖大宗商品、利率、汇率、信用、股权等品种，利率衍生品实际交易金额高达27亿美元，占比75%，大宗商品份额虽然不足1%，但高盛能快速给出报价，有能力满足国际大型油企的对冲需求，垄断大宗商品场外市场。

二是风险管理能力突出，高盛建立了风险头寸指标体系、三道防线的风控系统避免损失。高盛自上而下形成了金字塔式的风险管理治理结构，董事会直接或通过风险委员会监督风控政策和实践，进行年度审查以及批准风险偏好声明，首席风险官向董事会报告。管理委员会下设三类具体风险管理委员会，根据交易及风险特征采用多种分析及报告系统；公司风险管理委员会负责持续监控全球业务和产品的信用、市场和操作风险；客户及业务标准委员会负责评估并确定客户关系、客户服务及公司声誉等方面；公司资产负债委员会负责流动性风险管控，总体上形成了运营和技术、独立风险监督和控制、内审三道风控防线。2012—2018年高盛的平均 VAR（在险价值）估计值逐年降低，2018年高盛交易损失超出 VAR 的情况只有两天，2017年无一次例外，充分体现了高盛对于风险测度的准确性以及对头寸管理的实力。2021年3月，韩国对冲基金经理比尔·黄（Bill Hwang）旗下的大型基金 Archegos 爆仓，在瑞信集团及野村证券分别亏损近50亿美元和20亿美元的情况下，高盛及早发现风险并采取了纠正措施，因此在这场世纪爆仓中几乎未受到任何损失。

三、资本中介业务：创造信用、提升杠杆

赢利模式：投行承担信用中介的职能赚取息差收益

资本中介业务指投行作为金融中介，从事与商业银行类似的信贷业务。投行在资本中介业务中承担影子银行的信用创造职能，以赚取息差为赢利形式，投行通过客户抵押物的再抵押创造信用，提升杠杆。具有资本中介功能的业务包括回购协议、融资融券、客户保证金抵押融资等。

回购协议是指投行以较低的质押率向客户融出资金，再利用客户的抵押品叠加自身信用优势以较高的质押率融入资金。融资融券是指投行通过客户抵押品向其融出资金或证券，与回购协议

的区别在于，回购协议中证券的所有权转移作为质押物，而融资融券业务中证券所有权未转移，仅做抵押使用。客户保证金抵押融资指投行将客户提交的交易保证金作为抵押品进行负债融资。无论哪种方式，投行可以使用客户的证券抵押物进行再抵押，通过重复抵押放大经营杠杆。

驱动引擎：多元化融资渠道及低廉的融资成本

高盛在资本中介业务中充当信用中介，以多元化融资渠道和低廉的成本为驱动。

主动负债占比六成，逐年减少。1998—2020年，高盛主动负债的平均占比为65%，从1998年的71.4%递减至2020年的55.7%。第一，回购协议融资，2008年后，回购协议在高盛的负债融资结构中占比减少，从1999年的17%降到2020年的12%。第二，借出证券，自1998年的5.3%递减至2020年的2%。第三，交易性金融负债，该项负债由证券卖空形成，2008年前在负债融资中占比较高，平均达到24.3%；金融危机后逐步下降，2020年该项负债比重为14.4%。第四，长短期无抵押债务融资，2020年发行长期无担保债券占比20%，发行商业票据、承兑汇票等短期无担保债券占比为7.4%。

转型银行后，高盛被动负债占比上升。被动负债包括存款和应付客户及其他方款项，1998—2020年平均占比为32.5%，2009年转为银行控股公司后，存款负债成为高盛新的融资渠道，占比由2009年的5.1%迅速增长至2020年的24.4%。此外，应付客户及其他方款项也是高盛重要的融资渠道，2020年该项负债为

1 906.58 亿美元，占总负债的比重为 17.9%。

融资成本较低。回购协议和融资融券业务同属于担保融资项目，即使用客户保证金作为抵押品进行负债融资。担保融资是高盛融资成本最低的负债，2009—2018 年平均成本仅为 0.6%。同期银行存款、交易性金融负债、短期借款、长期借款的平均负债成本分别为 0.8%、1.4%、0.8%、2.1%。从时间趋势上来观察，除 2008 年金融危机期间流动性短缺造成融资成本高企之外，其余年份高盛的融资成本均十分低廉且较为稳定。

第三节　我国券商未来发展之路

我国培育高质量投行面临三大机遇与挑战：一是监管政策环境面临改革，二是金融开放与国际化挑战，三是金融科技挑战。

一、政策环境造就国内外证券公司模式差异

美国 1975 年推动佣金自由化改革，之后推行储架发行制，价格竞争加剧，证券业赢利模式重塑，大型投行转向机构交易，主动加杠杆涉入重资产业务，精品投行专攻几项优势项目，提供差异化服务。我国在 2015 年才正式开启佣金市场化改革，证券业经纪、承销等轻资产收入从 2008 年的 76.7% 降至 2020 年的 28.9%。2019 年 9 月证监会召开座谈会提出"允许优质券商拓展柜台业务，丰富期货期权产品""加快建设高质量投资银行，支持优质券商创新提

质,鼓励中小券商特色化精品化发展"等深化资本市场改革的重点方向,11月提出六大措施打造"航母级头部券商",包括丰富证券公司服务功能、鼓励市场化并购重组、优化激励约束机制等。未来鼓励证券业发展的、合理放开行业约束的政策红利可期。

从监管层面来看,中美证券业发展差异主要表现在场外市场发展、融资渠道、杠杆倍数等方面。

一是国内场外市场尚处于发展期,衍生品业务进步空间大。当前美国已形成分工明确、差异竞争的场外市场,以场外柜台交易市场(OTCBB)、粉单市场等为代表。国内场外市场起步较晚,2014年试点证券公司柜台交易市场。一方面,投行做市服务主要在场外市场开展,而高盛的做市服务为集团贡献了25.8%的收入,成为重要的盈利支柱。另一方面,对冲套保的需求催生了衍生品创设,而国内衍生品市场尚处于初级阶段。2020年高盛OTC市场多空产品名义本金达到38.4万亿美元(折合约250万亿元),而同期中信证券的金融衍生品名义规模仅为1万亿元,国内衍生品创设业务发展空间大(见表1.3)。建议发展完善多层次的资本市场,在提高券商风控的前提下适当放开衍生品创设,打开券商做市、产品创设、股权投资等资本交易业务空间。

二是国内券商加杠杆受限,ROE增长有所放缓。2016年证监会修改《证券公司风险控制指标管理办法》,执行"核心净资本/表内外资产总额≥8%"的规定,结合文件发布时"财务杠杆率约为6倍"的表述,当前我国券商经营杠杆的上限大约为6倍;而在保证金三方存管制度下,理论杠杆空间降至5.13倍。在ROE的驱动因素方面,美国投行以杠杆驱动为主,而我国券商以资产周转率和净利率驱动为主。建议实施分类监管,综合类券商逐步从轻资产业务过渡到重资产业务，具有显著的杠杆特征，在分类监管的框架下打开风控能力较强的综合类券商加杠杆的空间。

表1.3 2020年高盛集团和中信证券的业务发展情况比较

比较项目	高盛集团	中信证券
营业收入	445.6亿美元	76.89亿美元
资产规模	11 630亿美元	1 489亿美元
权益乘数	11.9倍	5.7倍
ROE	9.86%	8.43%
衍生品规模（名义值）	38.4万亿美元	1万亿元
场外衍生品占比	87.2%	—

资料来源：SEC，公司年报，Wind，泽平宏观。

三是国内券商担保融资渠道受限。美国投行可以使用客户保证金作为抵押品进行负债融资，而我国《证券公司融资融券业务管理办法》中明确规定，证券公司客户交易结算资金采用第三方存管模式，券商不得违规挪用客户担保物，此项目是中美券商负债融资渠道结构中最关键的差异。2020年，该负债项目在中信证券的融资结构中占比高达40.4%，其中客户交易结算金额达2 042亿元，大量资金沉淀无法得到利用。建议适当放宽券商融资渠道的限制，例如适当对证券公司的融资融券业务松绑，提升两融余额上限，鼓励证券公司金融债，盘活客户保证金等。

二、金融开放和国际化挑战

高盛在国际化浪潮中确立了世界顶级投行地位。高盛国际化进程开始于20世纪50年代，1953—1980年进军欧洲和日本市场，

1990年后从发达市场转向新兴市场，1994年高盛在北京和上海设立办事处。2001年，高盛首次在题为"构建更好的全球经济"的研究报告中提出"金砖四国"（BRICs）的说法。截至2019年第一季度，高盛来自欧洲、中东、非洲地区的收入占比达到27.9%，来自亚洲的收入占比为12.5%，海外收入总额约占四成。

在市场开拓方面，高盛聘请国际顾问，组建高素质的研究团队。"区位条件、文化同源性将最终影响投行国际化战略实施的效果"。为了尽快融入当地文化、了解市场营商环境和政治生态，高盛在各地聘请了政府部门离职的高官，或与政府及大型公司有密切关系的专家作为顾问，打造高素质的研究团队。

在业务选择方面，循序渐进，从自身优势业务输出逐渐过渡到产业价值链中高端环节的业务。高盛将商业票据业务作为打开国际市场的突破口，使得英国的大型企业能用比银行商业贷款低很多的利率提高营运资本；1979年后撒切尔废除外汇管制，外汇交易、套利业务等成为新的增长点，同时英国市场对美国股票，特别是科技股和医药股的需求开始呈井喷式发展，高盛适时地将在本土市场运营成熟的大宗交易推向英国；20世纪80年代中期，金融自由化迅速推进，欧洲全能商业银行的竞争挤占了投行的经营利润，高盛逐步将业务重心过渡到自营业务的开发上，大大提高了国际业务的盈利能力。

三、保持开拓进取心，合伙人机制发挥重要作用，积极开拓新赛道

虽然在1999年上市前夕，高盛不得不改制，但仍保留着合伙

制传统，比如股权激励、奖惩分明，"合伙人才库"每两年更新1/4—1/3，确保长期保持新鲜血液和进取精神，确保公司在快速变化的时代中，捕捉新机遇，开拓新赛道。

瞄准财富管理赛道

在后金融危机时代下，财富快速聚集，财富管理需求增长，金融机构纷纷加大对于财富管理业务的投入。2016年以前，高盛的财富管理业务主要服务于超高净值客户，为全球市场的超高净值客户提供超高定制化服务。相比于华尔街各大行的业务转型，高盛的业务重心仍放在FICC交易业务，对于财富管理业务始终维持原有策略。2016年后，高盛逐渐增加对财富管理业务的投入，通过自建平台、战略收购与合作的方式发掘新用户。

一是自建平台。2015年，高盛建立GS Bank，并于2016年推出Marcus平台，为用户提供"零手续费"的无抵押贷款及账户储蓄业务。截至2020年，Marcus已经涵盖了个人贷款、储蓄、财富管理和信用卡等业务，并在2021年推出面向大众的财富管理APP（应用程序）Marcus Invest，将客户资金投资于股票和债券的投资组合中。

二是战略收购与合作。高盛于2017—2019年吸纳了来自贷款公司Bond Street和信用卡创业公司Final的人才，并收购了个人理财APP Clarity Money和私人财富管理公司United Capital，为后续扩大私人财富管理业务打下了基础。2019年，高盛与苹果公司联合推出信用卡Apple Card，利用Apple Pay的高用户基数为信用卡服务开拓市场。

2019年底，高盛进行业务结构重组，将投资与借贷板块替换为财富管理。不同于之前的高净值客户导向财富管理服务，调整后的财富管理主要涵盖了面向各类财富水平客户的定制化管理，以及新增的消费者银行业务。此次业务板块的更新也反映出高盛未来以客户为中心，以财富管理为重点发展方向的经营模式。

发力金融科技

一是人才结构和费用支出。2016年，高盛校园招聘的员工中，有37%是科技、数理相关的专业人才。2017年这个比例上升到46%，整个高盛团队中科技人才规模占比达1/4，超过脸书等硅谷的上市科技公司。2006—2020年，高盛在通信和科技方面的费用（见图1.4）是各项费用中唯一一项逐年升高的项目，年均增长率为5.59%。2020年技术及通信费用投入为13.47亿美元，占营业收入的3.02%，同比增长1.8亿美元。

二是增加对金融科技前瞻性的研究投入，引导市场预期。高盛对人工智能和区块链等前沿科学进行了持续性的研究，并发布了一系列的深度报告。早在2015年初，高盛就开始将区块链研发成果申请专利，主要成果有两项，一项是用于处理外汇交易的一种分布式账本，另一项是一种加密货币SETLcoin。此外，高盛定期举办"高盛技术与互联网大会"，邀请谷歌云CEO（首席执行官）、苹果CEO等国际科技巨头分享前沿研究成果。

三是自营打造互联网金融机构。2015年，高盛打造互联网直销银行GS Bank，活期存款利率高于花旗、摩根大通等竞争对手；2016年高盛推出网贷平台Marcus，利用大数据客户画像提供定制服务，开辟了新的利润增长点。

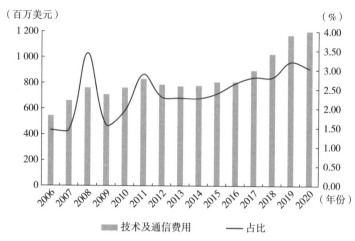

图1.4 高盛的技术投入费用占比逐年升高

资料来源：Wind，SEC，公司财报，泽平宏观。

四是战略投资科技创业公司，分享增值红利及合作收益，扩展目标客户群体。在金融科技方面，高盛集中于区块链和人工智能领域，借此从主要面向机构投资者传统业务逐步过渡到消费贷、房屋抵押贷、个人理财等零售业务上来。截至2021年5月，高盛共投资了47个金融科技创业公司。2010—2020年，高盛在资本市场领域共投资25家公司，在各领域排名第一。

第二章

罗斯柴尔德家族：
百年财阀发家史与转型精品投行

罗斯柴尔德是英国称霸全球时代的金融巨头，早期靠放贷和贸易起家，在英国和欧洲大陆形成了强大的影响力，但后来狼性精神缺失，错过了美国发展红利，如今以精品投行身份稳健经营。

家族之兴，在于顺势而变的战略眼光和高超的商业手段。1744年，创始人梅耶出生在法兰克福犹太家庭，白手起家跻身宫廷财政官，代理王室理财，获得第一桶金。梅耶将5个儿子派往5个不同国家，建立了跨国分支和私人情报网，抓住英国崛起机遇，成为最早一代顶级投行。一方面为政府提供财政筹资，资本输出、干预政策等；另一方面，凭借国家和战争情报进行投资和套利。

家族之衰，在于国际环境大势已去、狼性精神缺失。19世纪末，英美霸权易主，家族权力交接到第四代成员手中，很多后代安享舒适的贵族生活，有金融才干的家族成员寥寥无几，部分分行甚至因为缺少继承人而关闭，但始终不起用外姓人才作为管理者。

衰而不亡，财富传承容易受外部冲击和内部因素而消磨，但精神传承却能延续百年。罗斯柴尔德家族所奉行的"团结、正直、勤奋"精神，让家族衰而不亡，这个经受百年风雨的金融巨头，如今正以精品投行的身份活跃在世界金融舞台上。

罗斯柴尔德家族的200年兴衰史是一部大国兴衰史，时至今日仍有启示意义。一是抓住大国崛起机遇，顶级金融机构与国家利益互相成就。英国崛起为罗斯柴尔德成为世界级投行创造了历史性机遇，罗斯柴尔德银行也在国际贸易、国家融资、资本输出、货币政策等方面支撑英国成就金融霸权。二是掌控稀缺资源，专注于满足政府的金融需求。三是关注长远利益，资产达到一定规模后，适当摊薄利润、放低增速，进行低风险、回报稳定的长线资产配置，坐享财富被动增长。四是恪守家族传统是百年传承的根基。*

---

* 本章作者：任泽平、曹志楠，实习生赵唯琛对数据更新有贡献。

第一节 罗斯柴尔德发家史和业务版图

一、罗斯柴尔德家族 200 年兴衰变迁

白手起家（1744—1800 年）

18 世纪的欧洲，犹太人受到歧视，传统工商业等谋生手段被限制，但欧洲公国林立，催生了大量货币流通兑换和借贷需求，加之犹太教义允许收取利息，为其从事货币兑换和放贷业务打开了通路。

1744 年，罗斯柴尔德家族创始人梅耶·阿姆谢尔·罗斯柴尔德（Mayer Amschel Rothschild）（1744—1812 年）出生在法兰克福的一个犹太家庭。梅耶 12 岁时双亲去世，他被送去银行当学徒，完成学业后放弃银行的稳定职位，通过拣拾、交易二手货创业。

他发现欧洲贵族热衷于收藏古钱币，故投其所好，以低价吸引欧洲黑森卡塞尔公国的威廉王子。他于1769年被提拔为"宫廷犹太人"，负责打理账簿、代买英国国债等事务，原本靠收取2%~6%的经纪佣金为生，但1806年拿破仑战争期间，欧洲大陆封锁，威廉王子外逃，梅耶挪用威廉王子的资金从事贸易和放贷，获得第一桶金，逐渐走上银行家之路。

拓展欧洲业务（1800—1815年）

19世纪初，工业革命带来商品贸易和资金业务繁荣，梅耶将5个儿子（见图2.1）分别派往德国法兰克福（长子阿姆斯洛，1773—1855年）、奥地利维也纳（次子萨洛蒙，1774—1855年）、英国伦敦（第三子内森，1777—1836年）、意大利那波利（第四子卡尔，1788—1855年）、法国巴黎（第五子詹姆斯，1792—1868年）。

随着业务版图扩张，罗斯柴尔德家族建立起庞大的情报网络，在各国间通过汇率套利、炒作黄金、走私货物牟利。第三子内森最受器重，1810年，他在伦敦创立了N.M.罗斯柴尔德父子银行。1814—1815年，他们为英国政府筹集反法战争资金，购买英国国债，成功帮助英国威灵顿将军供应黄金，最终在滑铁卢战役后确立了家族在欧洲的金融霸主地位，此后垄断国际支付业务，通过佣金、控制汇率、投机债券获利。截至1815年，家族资本金达到50万英镑，相较于1797年的不足1万英镑，翻了50余倍，其中67%来自英国分支。

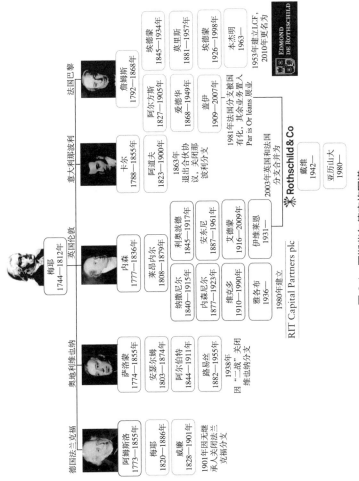

图 2.1 罗斯柴尔德家族图谱

资料来源：The Rothschild Archive，泽平宏观。

第二章 罗斯柴尔德家族：百年财阀发家史与转型精品投行

事业巅峰（1815—1870年）

19世纪中期，罗斯柴尔德家族如日中天，资本影响力渗透到欧洲各大政府。英国1825年发生钱荒，内森拿出黄金应急，拯救英格兰银行；1818年，在法国，詹姆斯操纵法国国债价格，排挤竞争对手巴林银行；在奥地利，萨洛蒙为奥地利外长梅特涅缔造"神圣同盟"、派军镇压革命提供资金。

与各国政府的紧密联系，为罗斯柴尔德获得了利益丰厚的工商业项目。例如1845年中标法国铁路合同，1835年获得西班牙阿尔马登水银供应权，1843年收购Witkowit联合矿业公司、奥地利–匈牙利冶炼公司，1873年成为力拓股东，1875年获得苏伊士运河权益，家族事业达到顶峰（见图2.2）。

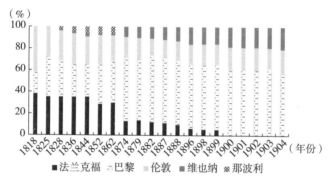

图2.2 罗斯柴尔德家族资本金分布

资料来源：尼尔·弗格森《罗斯柴尔德家族》，泽平宏观。

霸权易主（1870—1945年）

19世纪末至"二战"结束，罗斯柴尔德家族影响力逐渐下降,主要原因如下:一是世界金融中心从英国伦敦转移到美国纽约,美国奉行民主自由主义,长期以来没有中央银行,这使罗斯柴尔德传统的控制政府的金融手段失效,例如罗斯柴尔德曾取代巴林,为美国银行提供贷款,但此时美国银行从联邦银行降格到州银行后,失去了执照和政府业务,1841年破产,导致罗斯柴尔德预支的30万英镑付诸东流。二是世界大战和反犹主义使其付出沉重代价。两次世界大战对犹太人造成了巨大迫害,1931年奥地利银行被国有化,1938年维也纳分行关闭,法国政府在战争期间没收了罗斯柴尔德家族的部分财产。"二战"期间纳粹对犹太人的迫害直接导致罗斯柴尔德家族支离破碎。三是家族传统不适应时代要求。罗斯柴尔德家族直到20世纪仍保持合伙人制,不起用外姓人才作为管理者,第三、第四代成员大多安享舒适的贵族生活。1901年法兰克福分行因缺少男性继承人而相继关闭,错过美国发展机遇也是因为没有合格的家族成员甘愿去美国开疆拓土。

精品投行(1946年至今)

"二战"后,罗斯柴尔德重建业务,定位精品投行。雅各布从家族独立出来,1961年建立投资信托(RIT Capital),吸引了大量外部资本投资产业。1953年,埃德蒙在瑞士建立LCF集团(现更名为Edmond de Rothschild)作为股权投资和资产管理公司。1970年英国分支N. M. Rothschild & Sons变身为有限责任公司,开始引入外部合伙人,并成为英国私有化股改设计人。法国分支经历1981年国有化浪潮,将投行业务装入一家铁路公司Paris Orléans,幸存至今。2003年为减少成本,英国和法国分部合并,2015年以

Rothschild & Co 为主体展业。

二、家族现状与业务版图：如今依然屹立在世界金融舞台

罗斯柴尔德家族以金融服务为基石，深入酒业、矿业、不动产和艺术品等多个领域投资，在中国也有大量业务布局。家族资产从未公开，真实数字无人知晓，但早期几代家族掌门人均留下了富可敌国的遗产。经过200多年传承，尽管日渐低调，但2019年仍有两位家族成员登上福布斯富豪榜。

产业：以金融服务为支点，撬动酒业、矿业投资

金融领域转型精品投行。第一，Rothschild & Co 在巴黎证交所上市，提供并购咨询和服务，在 2019 年 Vault 全球投行 50 强排名中位列第 24。第二，Edmond De Rothchild 位于瑞士，前身是 LCF 集团（一家股权投资和资产管理公司）。第三，RIT Capital 为雅各布独立创办，为伦交所上市的投资信托，市值约为 30 亿英镑。

葡萄酒领域坐拥三大酒庄。罗斯柴尔德男爵集团、拉菲罗斯柴尔德集团、埃德蒙罗斯柴尔德集团均为世界顶尖红酒品牌，在葡萄酒界有着无可比拟的名誉与地位。

矿业领域，占据全球铁矿石 70% 市场份额的三大巨头——必和必拓、力拓、淡水河谷，主导全球 40% 钻石的南非钻石商——戴比尔斯等，背后都隐现着罗斯柴尔德家族身影。不同于 19 世纪直接购买，目前主要依靠金融工具间接投资，例如 RIT 资本仍持有 125 万英镑力拓股票，力拓高管名单上有多名人员曾有罗斯柴

尔德工作经历。

不动产和艺术品领域，19世纪鼎盛时期，保守估计家族在欧洲各地建造了44座宅邸，通过购买收藏、赞助艺术家、捐赠等方式，在艺术品收藏领域独占一席。后代家族成员偏向自我欣赏与慈善事业，向英国捐赠诸多庄园和艺术品。

财富金额之谜

50万亿美元资产不可信。《货币战争》预测罗斯柴尔德家族资产至少50万亿美元，但没有经过考证。一方面，创始人梅耶遗书中规定不能对外公开资产，家族长久以来从未公布过资产。另一方面，经过200多年发展继承，家族成员开枝散叶，经营主体日趋分散，个人投资、公司资产以及金融产品错综复杂，使罗斯柴尔德家族总资产测算难度大大增加，但通过前几代人留下的遗产及公司运作情况可探寻蛛丝马迹。

19世纪家族资产富可敌国。尤瑟夫·卡西斯等人考证，1836年内森去世时，罗斯柴尔德家族拥有600万英镑资产，达到英国国民收入的0.62%。1868年詹姆斯去世时，遗嘱财富高达11亿法郎（约合4 400万英镑，不包括不动产），占法国GDP（国内生产总值）的4.2%。1870年内森的4个儿子的遗产总计840万英镑，在当时的英国可谓首屈一指。20世纪后家族财富不再独占鳌头。纳蒂·罗斯柴尔德在1915年逝世时，留下的个人财富为250万英镑，但皮尔庞特·摩根在1914年去世时的资产为1 400万英镑，远超纳蒂。21世纪，家族成员隐约出现在富豪排行榜。2019年登上福布斯富豪榜，杰夫·罗斯柴尔德以27亿美元位列第838位，本杰明·罗斯柴尔德以17亿美元位列第1 349位。

第二节 百年财阀的财富密码

罗斯柴尔德家族历经250年风雨依然活跃至今，在于"顺势而变"的商业手法，也在于"不变"的家族团结精神。顺应时代背景、市场环境、家族自身情况，罗斯柴尔德家族依次扮演过商品贸易商、政府银行家、工业资本家、现代金融家四种角色。商业模式上，从轻资产的赚取贸易汇兑佣金转变为政府借贷、战争融资、资源垄断等重资产业务，如今再次回归到顾问咨询轻资产模式。经营策略上，早期追求规模扩张，随着家族资产滚雪球式增长，后期注重长期稳健经营。不变的是罗斯柴尔德家族的观念——"团结、正直、勤奋"。财富传承容易受外部冲击和自身贪欲而消磨，即所谓的"富不过三代"，但精神传承却能延续百年。

一、商品贸易商（1815年前）

背景：19世纪早期，资本主义进入工业时代，英法争夺世界霸主

一是英国工业革命带来了纺织业生产力扩张。18世纪末，第一次工业革命在英国迅速兴起，蒸汽动力的发明极大地提高了生产效率，带动了纺织业、煤炭等产业扩张。1805—1807年，英国大力推行自由贸易政策，棉纺织品出口额占英国总出口额的66%。

二是欧洲大陆封锁，走私盛行。为抵御英国经济霸权扩张和军事遏制，1806年拿破仑颁布"大陆封锁令"，禁止法国、意大利、瑞士、荷兰和莱茵同盟与英国通商，但没有英国及殖民地的物资供给，欧洲大陆难以完全进口替代，反而造成粮食价格猛跌、纺织品暴涨，直布罗陀、撒丁岛、西西里岛等都成为英国走私基地。

手法：情报为王，直接参与英国战时金融活动

一是打通物流，商品跨国贸易和走私，赚取买卖价差。老梅耶派遣5子前往5个国家，建立跨国贸易枢纽。内森1810年抵达英国，从事殖民地棉花、烟草、糖、铜以及水银等货物贸易。正值拿破仑大陆封锁期间，罗斯柴尔德五兄弟利用各地价差，走私贩卖商品获取差价。

二是打通资金流、货币支付与票据兑换。货物流转往往需要较长时间并伴随运输、信用、汇率种种风险，罗斯柴尔德善于从风险中获利。第一，开展保险业务。1824年内森以500万英镑合资建立联合保险公司，防止外聘保险公司漫天要价，确保了欧洲货物运输安全。第二，收取票据手续费。内森给予客户票据授信，并从中赚取手续费，费率为2%~6%。1828年罗斯柴尔德伦敦分行资产负债表显示，应收票据占其总资产的25%，应付票据占负债的5%。第三，套汇商机。由于欧洲尚未形成统一的外汇市场，罗斯柴尔德家族利用遍布欧洲的网点，在汇率报价低的市场买入，并在报价高的市场卖出。例如开具给英国的汇票价格高于巴黎和法兰克福，内森买入银行和商人手里的汇票，发送给大陆的分行，大陆分行再用汇票支付其他商品。

三是打通信息流，建立高效保密的情报网。当时信息传递依靠信鸽、信使，交流闭塞。1814—1817 年从伦敦到法兰克福送信需要 1 周，从巴黎到柏林需要 9 天。罗斯柴尔德不惜花重金打造私人信使系统。一方面，注重保密性。1814 年开始雇佣大量私人信使，来往于欧洲各大城市和商业中心。他们将家庭通信和商业通信区分开来，家信用希伯来文书写，商业信件用英语或法语书写。另一方面，保证快捷性。通常一封信件通过水路、陆路、信鸽等多渠道同时投送；用不同颜色的信封，如果汇率涨了就用蓝色，汇率跌了就用红色，可节约半天时间。1815 年滑铁卢战役英国胜利后，罗斯柴尔德战报比官方情报早了整整一天。

四是运送黄金和物资，为英法战争融资。战时，传统商贸票据体系公信力下降，黄金成为硬通货。1814 年罗斯柴尔德接受英国政府委托，为其筹措并运送黄金，凭借丰富的走私经验和物流情报网络突破大陆封锁防线，将价值近 120 万英镑的黄金成功送达威灵顿将军。罗斯柴尔德在英法战争中的表现赢得了政府的信赖，为其参与政府金融业务铺平了道路。但罗斯柴尔德并没有像《货币战争》中所言通过滑铁卢战争消息操纵股价，相反由于误判英法战争为持久战，罗斯柴尔德囤积了高达 980 万英镑的金银，反而在和平年代急剧贬值。

二、政府银行家（1815—1850 年）

背景：英国成为世界霸主，国际关系格局动荡

一是在经济上，英国经济实力迅猛发展。19 世纪上半叶，英

国击败法国等竞争对手，完成工业革命，建立起遍布全球的殖民地，称霸世界。1840年，英国工业生产占世界的45%，贸易额占世界的20%。二是在金融上，英国成为世界金融中心和资本输出国。1821年英国确立金本位制，为国际贸易和投资提供了坚挺货币；英国对外投资迅速增加，从1825年的5亿美元增至1855年的23亿美元，进一步巩固了经济金融霸主地位。三是在国际关系上，欧洲大陆形成了均势体系。1815—1848年欧洲几大势力在奥地利外交家梅特涅的斡旋下，组成神圣同盟，打压革命萌芽，客观上维系了欧洲的和平与稳定。

手法：垄断政府融资借贷，充当外交官

一是政府信贷，赚取佣金和利息。1818—1846年，罗斯柴尔德银行投向英国、法国、神圣同盟的贷款分别占29%、18%、19%，公共财政合计达84%（见图2.3）。同时，罗斯柴尔德主导了国际债券发行。1815—1859年伦敦分行共发行50笔贷款，提供给政府的面值总额为2.5亿英镑，占英国海外资产的10%，同一时期巴林兄弟发行14笔，面值总额6 600万英镑。

二是债券投资溢价。战争期间，英国发行大量国债，1793—1815年增加了3倍达到745亿英镑，达到了国民经济总产值的2倍，而债券价格从96英镑跌到50英镑。战后，内森认为英国政府会减少借贷，从而推升债券价格上涨，因此坚持不断买进，1817年债券价值上涨近40%。罗斯柴尔德伦敦分行1818年的资产负债表显示，超过25%的资产投资到英国政府债券，巴黎分行35%的资产投资到法国公债。

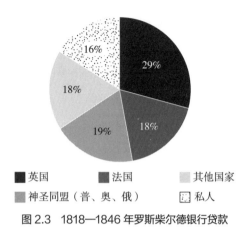

图 2.3　1818—1846 年罗斯柴尔德银行贷款

资料来源：尼尔·弗格森《罗斯柴尔德家族》，泽平宏观。

三是帮助英国资本输出，控制汇率。罗斯柴尔德是盟国汇兑的首要代理，英国资本充裕，向奥地利、俄国、普鲁士提供贷款和补贴，罗斯柴尔德设立在不同国家的分行在款项汇兑中占据了得天独厚的优势。1815 年内森与英国政府往来账目接近 1 000 万英镑，承揽起战后赔款、国际贸易等事务。同时，掌控大笔资金跨境转移的罗斯柴尔德家族，相当于知晓国际资金流转的方向和时间，根据汇率涨跌进行套汇投机。

四是与王室、政府建立紧密关系。首先是罗斯柴尔德为个人精英客户提供私人银行服务。英国赫里斯、黑塞布德鲁斯、英国乔治四世、奥地利梅特涅公爵均为罗斯柴尔德座上宾，其获得了私人贷款业务。其次是充当政府的邮差。英国女王维多利亚及其丈夫阿尔贝特王子定期利用罗斯柴尔德信使处理英国与欧洲大陆事务。

五是非正式影响外交政策。这一时期，家族大部分资产投入到债券市场，不希望爆发战争，1830 年法国分行的詹姆斯在写给维也纳萨洛蒙的信中提及"我们有 90 万的定期收益，如果保持和平，它们的价值是75%，如果遇到战争，就会跌到45%"。因此他们采取策略，向有和平倾向的政权提供财政支持，打压激进政策。1831年欧洲大陆出现革命火花，大战一触即发，罗斯柴尔德家族竭尽所能消除各国紧张状况，一方面通过私人信使了解各国政府想法，另一方面使自己的观点可以传达到政治人物，扶持保守派政治家（如法国佩里埃）上台，对激进主战派（如英国威灵顿）不提供任何支持，希腊、比利时就是在这样的环境下和平独立的。

三、工业资本家（1850—1910年）

背景：国际关系复杂化，家族影响力式微

一是在经济实力上，英国经济发展放缓。19世纪后半叶，第二次工业革命中电力取代蒸汽机，此时法国、德国相继完成工业革命，1894年美国工业总产值超过英国，约占世界工业总产值的30%，"一战"后世界霸权地位从英国转移到美国。二是在政治上，国际利益复杂化，斡旋难度加大。19世纪60年代民族主义和联邦概念兴起，帕默斯顿、凯沃尔、俾斯麦等新一代政治家上台，军火生意再度活跃，国际关系日趋紧张。三是金融市场竞争加大。19世纪50年代国际金融市场一体化、紧密化程度提高，国家融资体量远远超过单个银行包销能力，股份银行大量出现，罗斯柴尔德这种私人合伙制银行受到极大挑战。四是通信技术明显提高。铁路电报蒸汽船改变了通信格局，新闻媒体日渐活跃，无须通过私人信件传递消息，1848年后电报广泛应用到国际金融，海底电缆投入商用，信息传播的速度和广度得以提升。

这一时期，罗斯柴尔德家族内部竞争加剧，摩擦逐渐增多。银行经营方面，家族关系日益紧张。例如维也纳分行宁愿与当地其他银行联合安排奥地利皇室贷款，也不愿让家族其他分行分一杯羹。又如帮助普法战争后法国赔款时，英法分行垄断了公债承销，德国分行、维也纳分行则被排除在外。1863年阿道夫清盘股份，关闭那波利分行，阿道夫也被开除族籍。

手法：产融结合，保守扩张，抱团取暖

第一，资源垄断。一是贷款抵押。矿业金融起因是为低信用等级的国家发放贷款的抵押品。1834年为确保给西班牙贷款的安全性，罗斯柴尔德获得西班牙阿尔马登汞矿垄断权，每年汞矿贡献了13%的利润。二是直接收购、开发稀缺资源。深度参与水银、黄金、铜、铅、白银、钻石、宝石、石油的开采经营，为矿业公司筹措资金，还投资矿业股票，整合国际原料市场。1871—1907年罗斯柴尔德伦敦分行从矿业赚取90万英镑，占收益的8%。

第二，铁路建设。一是为铁路股票融资。詹姆斯最初仅承揽与铁路相关的融资业务，非实体经营，据统计，1835—1846年的32份铁路合约中，罗斯柴尔德参与了28个，筹资8 460万法郎，占法国铁路融资的38%。二是实业运营。1846年罗斯柴尔德重资投入的北线铁路出现恶劣事故，因此不得不介入运营管理。1852年初，法国分行持有铁路公司股票超过2 000万法郎，占总资产的15%，北线铁路在6条法国铁路中使用率最高，里程上仅占9%，但占到了14%的货运量和12%的客运量，票价与成本比为2.7∶1。19世纪中期，詹姆斯还着手建立泛欧洲大陆的铁路网络。

第三，鼓励重整军备。罗斯柴尔德努力维持战争与和平的平衡点，但由于家族影响力衰弱，故以贷款方式鼓励各国军备竞赛，激发贷款需求。1854年克罗米亚战争中，英法共同对抗俄罗斯，各国公债下跌10%~25%，但军费开支大幅增加40%~90%，由此引起的债券发行大部分由罗斯柴尔德家族承担。

第四，控制央行，排挤竞争对手。1852年佩雷尔家族成立法国工业信贷银行，以公众募股作为资本金，通过发行固定利率债券，再投资铁路公司股权和股票，与罗斯柴尔德家族展开铁路修建竞争。罗斯柴尔德通过控制法兰西银行排挤竞争对手，控制方式包括：一是罗斯柴尔德持有法兰西银行1800股，是最大股东；二是家族成员阿尔方索当选为法兰西银行董事；三是在1855年克里米亚战争期间，罗斯柴尔德巴黎分行为法兰西银行提供了7.5亿法郎的黄金。由此控制法兰西银行提升贴现率，收紧流动性，使工业信贷银行发行的股票大幅下跌，难以支付债券利息，中止了竞争对手佩雷尔家族的地位。

第五，告别高增长，关注稳健经营。19世纪70年代家族权力到了第四代成员手中，很多后代热衷狩猎、赛马、艺术品收藏等，有金融才干的家族成员仅纳蒂、阿尔方索寥寥几人。阿尔方索曾写信道"既不要太忧虑竞争，也不要威胁财政部部长们，我们只做那些适合我们的，而且条件对我们比较有利的生意"。以罗斯柴尔德家族伦敦分行为例，盈利水平逐渐下降，资本利润率从19世纪70年代的9.8%下降到90年代的3.9%，被巴林、施罗德银行远远甩在后面。资本金大幅缩水，"一战"前罗斯柴尔德尽管增速放缓，但资本金仍庞大，1913年达到784万英镑，分别是施罗德、巴林银行的2倍、7倍之多；"一战"期间遭受重创，3个合伙人去世，一半以上资本被收回，1918年仅剩360万英镑。这使其更加注重稳健经营。19世纪末，拉美投资热潮中，巴林银行从事高风险投资策略，资产负债率高达88%，在1890年阿根廷危机中受损严重。罗斯柴尔德则在19世纪80年代保持72%的资本负债比例，1890年最高时也未超过83%，其投资的巴西债券被冻结时，罗斯柴尔德马上安排新发行债券筹款，以海关收益为担保，未产生大幅波动。

四、现代金融家（1980年至今）

背景：金融自由化催生精品投行模式

1980年以来，国际金融管制逐渐放开，金融创新层出不穷。从金融机构来看，金融服务公司和国际商业银行融合，形成世界级全能金融集团。从业务类型来看，发行、交易等传统中介业务贡献收入下降，资本雄厚的大型投行纷纷转向发展机构自营、衍生品等高收益业务，但这一身份与传统中介业务存在利益冲突，并在2008年次贷危机中暴露无遗。在此背景下，中小型精品投行聚焦于提供第三方专业服务，以独立客观的理念成为当代资本市场的一股力量。

手法：转型精品投行，保守与创新同在

第一，借助私有化，转型精品投行。20世纪80年代趁自由化、私有化浪潮，罗斯柴尔德最初承接英国私有化任务，帮助英国电

信局、英国石油公司、英国天然气公司等企业成功实现私有化，1988年获得8个国家的11项私有化任务，此后深耕精品投行领域，提供全杠杆的融资收购。在中国具有代表性的案例包括参与吉利收购沃尔沃、上海光明食品收购英国维他麦。目前以Rothschild & Co为运营主体开展并购咨询业务，活跃在全球并购资本市场。一是股权形式上延续合伙传统。Rothschild & Co由伦敦和巴黎分行合并而成，组织形式为有限合伙制，家族成员做GP（普通合伙人），持有50%的股权和63%的表决权，外部股东做LP（有限合伙人），不参与公司主动经营。二是维持较快的营业收入增速。2020年总资产达147亿欧元，资产负债率为82%；营业收入从2008年的7.5亿欧元增至2020年的18亿欧元，年化增速为8%，净利润率从6%上升至2019年的13%。2020年受疫情影响，商业银行业务收入下降了25%，直接造成了净利率的下滑。从业务结构上看，咨询业务、财富管理和资产管理、商业银行分别贡献了64%、28%、8%的收入（见图2.4）。三是业务保守。罗斯柴尔德家族对衍生产品非常保守，使其免受了2008年金融危机冲击。

第二，转型资产管理，注重长期投资，风险偏好低。一是Edmond De Rothschild银行致力于私人银行和资产管理，私人银行为家族财富和企业家提供"一站式"服务，包括投资组合管理、财富管理、家庭办公室和慈善事业咨询等服务。资产管理为个人投资者和机构投资者提供服务。2018年，公司通过以上业务共管理资产91亿瑞郎（约82.7亿欧元）。二是RIT Capital是雅各布1980年从家族独立出来后创办的投资信托，不同于家族封闭式运作，RIT 2/3的资本金来自外部投资人，专注标准化产品和长期投资。其投资组合有15%~30%为二级股票投资，40%~60%委托外部基金管理人进行投资，剩余部分由内部团队进行私募投资，自 1998 年以来实现了 12.1% 的年化回报率。

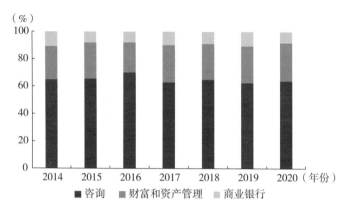

图 2.4　Rothschild & Co 三大业务占营收的比重

资料来源：Wind，公司年报，泽平宏观。

第三节　财富长久传承之道

一、抓住大国崛起机遇，与国家利益互相成就

英国崛起称霸为罗斯柴尔德银行成为世界级投行创造了历史性机遇，罗斯柴尔德银行也在国际贸易、国家融资、资本输出、货币政策等方面支持英国成就金融霸权，而世界霸权易主后，罗斯柴尔德银行势力逐步衰弱。

罗斯柴尔德清晰地演绎了顶级金融集团在国家兴衰中起到的重要作用。一是贸易转款渠道。大国间贸易需要金融机构提供资

金转移支付服务。1815年拿破仑战争期间，罗斯柴尔德依靠设立在不同国家的分行，承担英国向奥地利、俄国、普鲁士输送货款的任务，通过款项汇兑获得巨额利润；"一战"后国际贸易中心转移到美国，罗斯柴尔德经手的转款业务量下降，所获汇兑收益也大幅下降。二是财政融资渠道。罗斯柴尔德一度垄断英国发债，通过操纵二级市场公债价格影响一级市场公债发行，还通过贷款影响政府外交政策，例如拒绝向筹划战争的政府提供贷款。三是资本输出方渠道。英国"一战"前贸易盈余，保持持续资本输出，1865—1914年在伦敦公开发行的外国债券总额为40.82亿英镑，罗斯柴尔德以独家或合作的方式承担了25%，约10.85亿英镑，保证英国强大的资本输出能力。四是货币政策渠道。罗斯柴尔德在历次黄金储备危机中，为央行提供流动性，确保危机不蔓延，例如1825年的英国银行危机。

二、掌控稀缺资源，专注满足政府的金融需求

从第一代掌门人梅耶到如今的第七代传人，他们深谙稀缺资源是赚钱法宝，不惜花重金将其掌握在自己手中。其中政府关系被罗斯柴尔德视为最珍贵的稀缺资源。

家族的一条祖训写道："我们一定要和国王一起散步。"罗斯柴尔德发迹与政府密不可分，梅耶以折扣价将古钱币卖给威廉王子，取得了王室的青睐；普法战争中，威廉王子外逃前将一笔300万美元的现金交给梅耶保管，成为其建立金融帝国的第一桶金；之后充当政府的银行家，注重与处在困难中的政府打交道，给予政府贷款、公债投资；通过政府控制了很多资源型产业。

三、关注长远利益，采取保守策略，是财富长久传承之道

罗斯柴尔德家族在获得巨额财富后，奉行保守的理财策略。家族财富以信托形式存在，结合自身金融专长和投资经验，适当摊薄利润，进行低风险、回报稳定的长线资产配置，坐享财富被动增长。

大卫·罗斯柴尔德接受央视《对话》采访时谈道："保守是我们现在的投资策略。如果你处于我的位置，就不难理解这个答案。如果我是家族的第一代人，我也许会敢做冒险的事情，但家族已经发展了200多年，未来还有很长的历史在等着我们，因此我们会回避高风险的投资，仔细考量风险。"他谈到2008年次贷危机时说，"在这次危机中我们确实没有损失太多，免于受波及并不是因为我们聪明，恰是我们的保守。家族财富已经传承到第六代，投资策略已变得越来越保守"，"金融衍生品是个非常复杂的行业，如果具有很强的实力、昂贵的IT（信息技术）设备以及成熟的风险控制能力，可以从事这一产品的交易并可能获得成功，但对于一个家族企业来说，如果也去从事金融衍生品交易，则是非常愚蠢的行为"。

四、恪守家族传统是财富百年传承的根基

财富传承容易受外部冲击和自身贪欲而消磨，固有"富不过三代"之说，但精神传承却能延续百年。罗斯柴尔德家族的团结观念根植于每一代人的细胞中，尽管在历史发展长河中也受到外界阻力和内部分化，但对家族的信任和忠诚精神仍然保持至今。

罗斯柴尔德家族观念"团结、正直、勤奋"的传承方式主要

如下。

一是独裁式家长言传身教。老梅耶为独裁式家长，1812年去世时立下遗嘱，对家族成员形成强硬约束，例如要求家族银行要职必须由家族内部男性继承人担任，家族通婚只能在表亲之间进行，防止财富稀释和外流，绝对不准对外公布财产情况等。19世纪六七十年代，家族仍然延续内部通婚，第四代31名已婚成员中13名男性娶的是家族女性，这些铁血手腕和森严家规给家族后世留下了深刻烙印。

二是家族徽章、家训等文化印记。罗斯柴尔德族徽为一只大手抓着五支箭的形象，含义是单独一支箭很脆弱，而组成一把箭很难被折断，告诫家族成员要团结，族徽下方印有家训"团结、正直、勤奋"。"五箭"符号至今仍然作为 Rothschild & Co 的标记沿用（见图2.5）。

图2.5 罗斯柴尔德家徽

资料来源：The Rothschild Archive，泽平宏观。

第三章

瑞银:财富管理巨头的秘密

瑞士银行（简称瑞银）——保密和尊贵的代名词，在全球享有盛誉。瑞银前身最早可追溯至1862年，经过160年、多达300次兼并重组，1997年合并成瑞银集团，是目前规模最大、布局最广、产业链最全的财富管理机构。截至2020年，瑞银集团总资产为1.13万亿美元，营业收入达254亿美元，在世界500强中位列第293位，资管规模超4万亿美元，是全球第三大资管机构和第一大私人银行。阿尔卑斯山脚下的小国，是如何举全国之力培育出世界级金融巨头的？财富管理"百年老店"的秘诀是什么？

一方面，瑞银的成功的确离不开瑞士提供的沃土。瑞士素有金融立国的传统，保持政治中立、长期实行保密制度、对富人宽松的税收政策，以及自由的外汇兑换机制，为瑞银带来了大量高端客户和资本。另一方面，瑞银始终坚持清晰的战略目标，从客户、产品、团队、技术等维度全力打造财富管理护城河，瞄准高净值客户，主推高附加值产品，精简团队，统一作战。

瑞银发展历程表明，财富管理是一个经济体高端服务业的发展方向，是一家金融机构做大做强的突破口，对于处在大资管十字路口的中国资管机构和监管机构启示良多。我国正处于发力财富管理的机遇期，潜力巨大，但业务规则有待明确，机构定位尚不清晰。为此需要监管者、从业者和消费者共同努力，建立统一的、以功能监管为主导的监管体系，提高金融机构专业化、精细化的服务和运营能力，以及持续推进居民理财方式和理念的升级。*

---

* 本章作者：任泽平、曹志楠、付梦妮，苏泽文对数据更新有贡献。

第一节 从弹丸小国走出来的世界级金融巨头

一、历史纵览：百年老店，从银行升级到财富管理巨头

瑞银的发展史可谓是一部世界银行业历史，自1862年至今，经过160年锤炼、多达300余次金融机构兼并重组，直到1997年底，瑞士联合银行（UBS）和瑞士银行公司（SBC）合并，才形成我们今天耳熟能详的"瑞银集团"。

第一阶段，扎根国内（1862年—20世纪60年代）。瑞士自1815年至今保持中立地位，1934年实施银行保密法，银行业成为瑞士支柱行业。瑞银集团有两家前身：瑞士联合银行于1912年诞生，最早可以追溯至1862年的温特图尔州立银行；瑞士银行公司于1897年诞生，其前身可追溯至1872年成立的巴斯勒银行。两家银行经过300多次并购重组，成为瑞士屈指可数的大银行。

第二阶段，快速发展（20世纪60年代—1997年）。"二战"后，随着欧洲经济复苏、经济全球化和技术进步，瑞士长期实行宽松的货币政策，银行业一路高歌猛进。但到了八九十年代，房地产泡沫破灭，引发了银行危机。面对内部银行坏账和外部竞争压力，瑞士原有8家大型银行兼并重组后仅剩瑞银和瑞士信贷两家。新瑞银沿用UBS标识，从欧洲走向了世界金融舞台中心。

第三阶段，破茧重生（1998—2007年）。新成立的瑞银集团刚组建就面临1998年的危机，原瑞士联合银行管理的美国对冲基金长期资本管理公司（LTCM）损失了9.5亿瑞郎，给瑞银带来了巨大冲击，但也倒逼瑞银开启了改革之路：一是中止与瑞士再保险的合作协议，主动退出保险领域；二是放弃高收益证券和对冲基金投资，严格限制电子、通信、网络等产业的投资，躲过了美国互联网泡沫，将瑞士信贷甩在身后；三是加大对私人银行和资产管理业务的投入，2001年瑞银以120亿美元收购美国普惠公司，获得美国资产管理和证券经纪入场券。经过一系列改革，瑞银重回金融巨头宝座，2007年总资产接近2万亿美元。

第四阶段，二次转型（2008年至今）。2008年，如日中天的瑞银投行业务遭遇次贷危机，巨额亏损180亿美元，是美国之外受损最严重的金融机构，瑞士政府不得不注资600亿瑞郎援救。祸不单行，次贷危机后美国财政吃紧，对逃税者发起讨伐，2009年美国起诉瑞银，要求提供约300名客户的资料，并支付7.8亿美元罚金，否则将暂停瑞银在美国的银行牌照，由此撬开了瑞士银行保密制度。2014年，二十国集团（G20）和经济合作与发展组织（OECD）发起"银行间自动互换信息"计划，瑞士被迫加入，2018年税务信息交换实质落地。

保密制度优势不再，瑞银面临二次转型。2011年时任CEO塞尔吉奥·埃尔默蒂（Sergio Ermotti）大幅削减重资产投行业务，将重点放在轻资产的全球财富管理业务上。不过，船大难掉头，在欧洲，瑞银因串通操纵货币汇率，帮助富人逃税而受到多次起诉；在中国香港，瑞银被曝10年间向客户多收款项，其分析师涉嫌辱华；在新加坡，瑞银因未如实披露债券和结构性产品价格、欺骗客户而被罚款1 120万新元。如何维护百年老店的品牌和名誉，成为瑞银需要解决的问题。

二、业务架构：资产缩表，盈利趋稳

财务情况：瑞银集团的发展呈现出战略集中、业务协同的特点

截至2020年，瑞银集团总资产为1.13万亿美元，总负债1.07万亿美元，营业收入达254亿美元，净利润为66亿美元，2020年在《财富》世界500强中位列第293。

瑞银资产规模以2008年为界，先扩张、后收缩。1998—2007年，瑞银集团总资产从6 874亿美元迅速扩张到近2万亿美元，年化增速达10%，资产负债率高达98%。2008年在金融危机中遭受重创后，瑞银向轻资产转型，2020年总资产、总负债分别回落至1.13万亿美元、1.07万亿美元，资产负债率稳定在94%。

瑞银营收低速增长，但盈利趋稳。1998—2020年，瑞银集团营业收入从162亿美元增长到2020年的324亿美元，年化增长了3.2%；净利润从22亿美元提高至66亿美元，年化增长了5.1%；2008年前净利润率维持在20%~30%，尽管2008年亏损200亿美

元，创下历史最大亏损，但经过业务调整，净利润率逐渐恢复到2008年之前的水平，2020年获得20%的净利润，ROA（总资产回报率）为0.58%，ROE（净资产收益率）为11.0%。

业务架构：以财富管理为主，投行和资管为辅

2011年，瑞银确立"专注全球财富管理和瑞士全能银行，以资产管理和投资银行为辅"的战略版图，将业务架构分为财富管理（2018年2月前财富管理又分为美洲地区和美洲以外地区）、商业银行、投资银行和资产管理（见图3.1）。

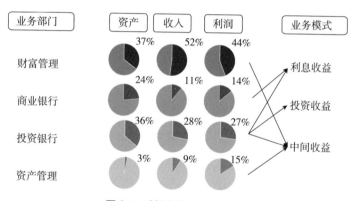

图 3.1　瑞银业务架构图

资料来源：公司年报，泽平宏观。

业务结构呈现轻型化趋势，传统投行和商业银行业务下降，财富管理业务强势崛起。2020年，财富管理业务以37%的资产份额，贡献了52%的营业收入、44%的营业利润，是第一大板块。投行业务资产份额占比从2010年的72%下降至2020年的36%，仅贡献28%的营业收入和27%的营业利润。商业银行资产占比

24%，收入和利润分别占 11% 和 14%。资产管理板块资产、收入和利润分别占 3%、9%、15%，占比均较低。

从收益结构看，瑞银收入以中间业务收益（手续费）为主，以息差、利差为辅（见图 3.2）。瑞银收益结构分为利息收益、投资收益和中间业务收益。一是利息收益占 18%，来自银行的存贷款业务、投行的融资融券和回购协议等，属于重资产业务，2014 年瑞士开始推行负利率，瑞银的利息收益占比从 23% 下滑到 2020 年的 18% 左右。二是投资收益占 19%，也称作交易性收益，来自投行和自营部门，受市场波动影响大，2020 年约占 19% 的份额。三是中间业务收益占 59%，即手续费和佣金，来自财富管理部门的组合管理和咨询服务、投行部门的承做和经纪业务，资管部门的投资管理服务，这类业务近 9 年以来稳定在 56%~60% 的份额。

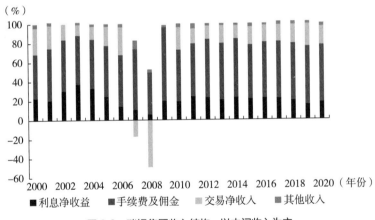

图 3.2 瑞银集团收入结构：以中间收入为主

资料来源：公司年报，泽平宏观。

第二节　百年老店如何打造财富管理护城河

一、财富管理是瑞银护城河：规模最大、布局最广、产业链最全

规模最大：资管规模第三，财富管理第一

总资管规模超4万亿美元。2005—2020年的15年间，瑞银AUM从2.02万亿美元增长至4.19万亿美元，年化增速为5.0%。瑞银AUM有两大来源：财富管理部门和资产管理部门。财富管理部门可投资产占比长期在七成左右，2020年瑞银超4万亿美元的可投资产中，财富管理贡献3.02万亿美元，占比达72%。

资管规模排名第三，私人银行细分领域第一。截至2021年3月，全球前10大资管机构的AUM超过40万亿美元，前两名分别为贝莱德、先锋，瑞银排名第三（见表3.1）。贝莱德、先锋等公募基金属于"代人理财"的资管机构，以投资增值为导向，目标单一，可服务个人和机构投资者，这也是资管规模更容易做大的原因。而以瑞银为代表的银行系财富管理机构，"受人之托"，服务于个人的财富管理需求，目标涵盖财富传承、保值增值、避税等，资金体量上略逊于公募机构。

表3.1 全球前十大资管机构 AUM

序号	机构名	机构英文名	公司性质	资管规模（万亿美元）
1	贝莱德	BlackRock	美国基金系	9.01
2	先锋集团	Vanguard	美国基金系	7.50
3	瑞银	UBS	瑞士银行系	4.23
4	富达	Fidelity Investments	美国基金系	3.90
5	道富	State Street Global Advisors	美国基金系	3.59
6	安联集团	Allianz Group	德国保险系	2.86
7	摩根大通	JP Morgan Chase	美国银行系	2.83
8	资本集团	Capital Group	美国基金系	2.30
9	纽约梅隆银行	Bank of New York Mellon	美国银行系	2.21
10	高盛	Goldman Sachs Group	美国基金系	2.20

注：数据截至2021Q1，资本集团数据为2021/01/31。
资料来源：advratings，公司年报，泽平宏观。

布局最广：占领财富市场高地

瑞银在50多个国家和地区设立了分支机构，截至2020年共有7.16万名员工，其中30%在美洲，30%在瑞士，19%在欧洲其他国家，21%在亚太地区。瑞银还在瑞士证券交易所、纽约证券交易所和东京证券交易所等地联合上市。从存量可投资金规模来看，美洲一直是瑞银财富管理的第一大来源地，占比从2012年的51%增长至2020年的52%，亚洲占比仅为19%，但增幅较大，同期份额从12%增至19%（见图3.3）。从增量可投资金来看，亚洲增长强劲，新流入可投资产中亚洲占比从2012年的39%快速提升至2018年的57%，同期美洲市场严重萎缩。

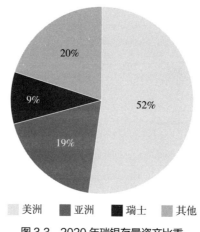

图 3.3　2020 年瑞银存量资产比重

资料来源：公司年报，泽平宏观。

瑞银在中国布局，抢占各个市场。早在 1964 年，瑞银在香港地区开设办事处，1985 年进入内地，是最早一批进入中国的外资金融机构。目前，瑞银依托瑞银证券、瑞士银行、国投瑞银、瑞银环球资管、瑞银资管（上海）五大主体，开展投资银行、财富管理和资产管理三大业务，相继取得合格境外投资者、人民币合格境外机构投资者（RQFII）、合格境内有限合伙人（QDLP）等一系列资格和牌照。

业态最全：产业链价值最大化

瑞银财富管理与商业银行、资产管理、投资银行形成紧密的协同效应，打通从客户端到产品端的各个环节，将客户财富管理需求挖掘到极致（见图 3.4）。

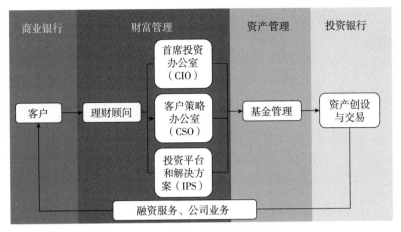

图 3.4 瑞银四大板块紧密协同

资料来源:公司年报,泽平宏观。

在客户和渠道方面,商业银行具有庞大的客户群体,个人客户达到财富管理门槛,可推荐到财富管理部门。投行部门提供投研服务支持,典型案例为财富管理和投资银行合作设立的全球家族办公室,专门服务于拥有 5 亿美元以上资产的家庭,这些客户资金体量和需求类似机构。资产管理部门发行公募、私募、房地产投资基金产品,可供财富管理客户投资。2020 年在资产管理板块中,瑞银所管理的 1.09 万亿美元中有 3 160 亿美元来自集团内财富管理业务,占比为 29%。此外,投行和商业银行还可以提供证券、住宅、商业地产、现金类产品的抵押质押及担保融资,盘活客户存量资产。

二、外部因素：瑞士以举国之力营造四大制度，带来先天良机

立国之本：中立地位

瑞士中立国地位由来已久，并延续至今。1511年瑞士雇佣兵与法国交战，损失惨重，从此奉行中立武装。1798年拿破仑战争期间，瑞士被迫放弃中立，1815年维也纳会议《巴黎条约》正式确认其永久中立国地位，此后瑞士避开欧洲30年战争、两次世界大战。和平年代，瑞士依然恪守中立政策，至今未加入欧盟。

瑞士之所以能保持中立地位，得益于地缘、经济、法律等综合因素。一是特殊的地缘位置。瑞士地处欧洲腹地，北邻德国，西邻法国，南邻意大利，东邻奥地利，被各国视为战略缓冲地带，任何一个大国都不允许其他国家对瑞士进行侵犯。二是凸显经济价值。为维持中立地位，瑞士甘当斡旋桥梁，极力显示出经济价值，战争期间同时给交战双方提供军火、运输、贷款等便利。三是国际认可和法律巩固。昔日的荷兰、比利时、卢森堡也曾宣布成为中立国，但经过历次战争洗礼，未能延续至今。瑞士中立国传统历史悠久，并经过战争检验，受到国际广泛认可，同时也是《国际法》中唯一明确规定的永久中立国。

中立地位为瑞士带来了巨大优势。战争年代，中立国地位使瑞士免受战火蹂躏，稳定的政治经济环境吸引了大量资本沉淀，储户财产不受战争威胁。和平年代，中立国形象深入人心，为寻求安全的财富提供了避风港。

银行之基：保密制度

第一，瑞士银行保密制度的渊源。1713年日内瓦理事会确立了保密为银行业准则。"二战"期间，纳粹强制德国公民存款必须存在德国，为调查在国外开设银行账户、藏匿资金的行为，其惯用手法是假借汇款之名给被调查者打一笔钱，如果对方银行成功收取就会坐实罪名。为保护储户安全、防止存款外流，1934年瑞士颁布银行保密法，规定任何银行职员都必须严格遵守保密原则；包括雇员、代理人、银行委员会成员、监督员、审计员等，而且保密协议终身有效。此外，银行保密责任还上升到《刑法》层面，违反者将面临6个月到5年监禁、最高5万瑞郎罚款。只要不能确凿证明存款人触犯刑法，即使国家司法机关也无权过问其银行秘密。

第二，瑞士银行采取了一系列保密措施。各银行为加强保密，实行密码制、化名账户等措施，仅在开户时填写真实身份，但日常往来均采用数字或化名。对账单寄送，有的选择银行留存服务，避免信件传递过程泄露秘密，有的选择第三国转递服务，将对账单先发往第三国，再从第三国更换信封模拟私人信件寄给客户，最大限度地保护客户秘密。

第三，银行保密制度的衰落。保密规则为瑞士银行吸引了源源不断的财富，但也被诟病为洗钱、逃税甚至恐怖活动的避风港。次贷危机后，美国财政吃紧，开始向逃税者和瑞士发起讨伐，延续80多年的瑞士银行保密法优势不再。

富人之爱：避税天堂

低税负和宽松的税收制度吸引了公司和个人财富聚集。瑞士税收体系分为联邦、州、市三个层面，地方政府自主决定其税率。

一是企业税负低，跨国总部税收优惠力度大。根据普华永道和世界银行的《2020年世界纳税报告》，一家公司在瑞士缴税税率为28.8%（全球平均水平为40.5%），从低到高排名，在欧洲排第7位，在全球排名第19位。瑞士增值税仅7.7%，远低于英国（20%）、法国（19.6%）、德国（19%）；瑞士的企业所得税，联邦层面税率为7.8%，各州竞相减税，为11.9%~18.2%，综合税率约为21%，低于英国（23%）、德国（29%）、法国（33%）。瑞士对跨国公司给予税收优惠，总部位于瑞士的跨国公司的收入税税率为8%~11%，也曾有个别州免征全部所得税，吸引了通用、惠普、IBM（国际商业机器公司）、宝洁等跨国公司把欧洲总部设在瑞士。

二是吸引外国富人的特殊优待。瑞士曾出台针对吸引外国富人定居的"统一税"制度，他们无须根据收入和财产缴税，也无须缴纳利息税和遗产税，只需根据当地房租等核定。2012年瑞士生活着5 600名外国富人，仅上交了7亿瑞郎的税收。由此，吸引了宜家创始人英瓦尔·卡普拉德（Ingvar Kamprad）、德国赛车名将米歇尔·舒马赫（Michael Schumacher）等名人定居。这与瑞士国民高达40%的个人所得税形成了巨大反差，部分州已经公投取消了这一优待。

三是税收制度宽松。瑞士区别对待逃税和骗税行为，骗税被认为是非法的，但逃税不被界定为犯罪，因此瑞士的法律并不会要求相关部门向存款人所在国的司法机构提供数据。

金融之国：金融发达，币值稳定，自由兑换

一是瑞士金融体系发达。瑞士人口不足700万，却是世界领先的金融中心，瑞士金融业贡献了9%的GDP、9%的税收和6%的就业。瑞士被誉为"银行之国"，银行数量最多时在1969年达到533家，此后经过兼并重组，2020年瑞士共有243家银行，总资产达3.47万亿瑞郎，集中度大幅提升。目前，瑞士银行多层次体系由州立银行、大银行、地区和储蓄银行、来富埃森银行（农村合作社）、外国银行、私人银行组成，大银行仅有瑞银和瑞士信贷两大集团，数量虽少，但资产份额占45%。

二是货币币值稳定且可自由兑换。长期以来，瑞士央行坚持金本位制，发行瑞郎有40%的黄金背书直到2000年才取消，瑞士是世界上最后一个抛弃金本位制的国家，为保持币值坚挺提供了有力支持。而且瑞郎可自由兑换，使其避险作用突出，并获得了较高国际地位。

三、内部因素：定位高端客户，提升附加值，精简成本，数字化转型

客户战略：锁定高净值和超高净值客户

瞄准超高净值群体扩大规模，超高净值客户存量资产占比五成，增量资产占比九成。近年来，全球财富差距不断拉大，根据

瑞士信贷《全球财富报告2021》，2020年全球12.2%的成人人口拥有84.9%的财富，越来越多的资源往少数人集中。瑞银瞄准超高净值群体，其可投资产从2014年的0.87万亿美元上升到2018年的1.13万亿美元，年化增速达6.5%，占全部可投资产比例从43%上升至50%（见图3.5）。从地区来看，北美以外地区超高净值客户资产占可投资产比重为57%，略高于北美地区（44%）。新增资产上，超高净值客户贡献了高达93%的增量资产。

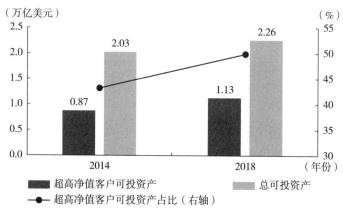

图3.5 瑞银超高净值客户可投资产及其占比

资料来源：公司年报，Investor Update 2018，泽平宏观。

瑞银CEO坦言，超高净值人群是净新增资产的最大来源，但不是最赚钱的群体。一方面，超高净值人群的资产中，很大一部分以现金资产形式存在。另一方面，这个客户群需求较为复杂，例如日常交易、定制复杂衍生品、进行大宗交易甚至IPO服务，这些都提高了服务成本。为此2016年瑞银成立了全球家族办公室，专门服务需要投资银行等机构式服务的超高净值客户，客户约1 500名，收入复合年增长率达到15%。需求不那么复杂的超高净值客户则由区域市场服务，提高效率。

鉴于此，瑞银将目光投向高净值群体，客户策略定为"服务于全球高净值和超高净值客户，在美国、瑞士和大中华地区下沉至富裕客户"。高净值和富裕群体数量更多，而需求相对不那么复杂，是利润的增长点，瑞银全球财富管理业务超过50%的收入都来自在投资产为200万—500万美元及以上的人群。这些客户的诉求具有一定的同质性，包括贷款、进入私人市场和主题投资等。瑞银在制定客户服务标准上有所侧重。在北美以外地区，超高净值客户要求具有5 000万美元以上金融资产或1亿美元以上的总资产；北美客户要求较低，要求1 000万美元以上金融资产存托在瑞银。这是由于瑞银在北美以外的市场具有垄断地位，足以吸引超高净值客户；而北美尤其是美国财富管理市场竞争激烈，制定标准也较低。

产品：主推委托类和融资类产品，收入多元化

瑞银提供的产品和服务非常全面，不仅涵盖股票、债券等金融产品投资，还包括保险、基金、银行产品代销，以及不动产、艺术品投资等。其中委托类和借贷类产品附加值高，是瑞银的主推产品。

一是挖掘委托类服务需求。瑞银财富管理提供的服务类型包括全权委托、顾问委托以及非委托服务三种类型。全权委托是客户将投资决策和执行权力全部委托瑞银；顾问委托是瑞银提供投资建议和账户风险监测服务，客户保留最终决策权；非委托服务是交易订单执行或仅提供咨询服务等。前两类合称为委托类账户，

对代客理财的专业性、职业道德提出了更高要求，瑞银主要基于资产规模收费，最多不超过2.5%，非委托类服务主要收取交易佣金。委托类服务渗透率达1/3。2013—2020年，委托类账户金额从0.53万亿美元上升到1.03万亿美元，年化增速为10%，占可投资产比重从27%稳步提高到34%，到2021年瑞银目标是将委托账户占比提升至40%。分地域来看，美国、欧洲、拉美委托账户渗透率更高，均在30%以上，亚洲委托占比较低，仅13%，这是瑞银未来的增长空间。

二是借贷类服务渗透，提高服务附加值。瑞银财富管理依托与银行和投行的紧密关系，挖掘客户借贷需求，提供抵押、质押、保证融资服务。2014—2020年，财富管理部门借贷合同金额从1 570亿美元上升至2 131亿美元，渗透率为7.1%左右。从抵押品种看，证券资产、住宅不动产分别占50%、29%，证券资产中97%被评为投资级，平均久期在3—6个月，有效保证了贷款质量。

委托类服务和借贷融资服务为瑞银带来了丰厚的手续费和利息收入。瑞银财富管理部门业务收入分为三种：资产管理收入、交易性收入和利息收入。一是资产管理收入占比高达55%。大部分来源于委托类服务，按照管理资产的总规模收费，例如组合管理费、账户保管费，此类业务收入稳定，不会随着市场行情大幅波动，已经成为财富管理第一大业务。2012—2020年，资产管理收入从7.1万亿美元稳步上升到9.4万亿美元，占比从50%上升至55%。二是交易性收入占21%。此类业务来源于非委托类服务，基于交易量收费，例如经纪佣金和信用支付收费，容易受市场交易活跃度影响，其份额从28%下降至2018年的17%，2020年又回升至21%。三是利息收入占24%。2020年瑞银业务来源于借贷类服务，近9年来从21%小幅提升至24%左右。

管理：精简一线团队，服务流程设计以客户为中心

瑞银以客户需求为出发点，建立了顾问和客户的紧密联系，涵盖市场研究、资产配置方案、产品选择、交易执行、投资监控等各个环节。

削减顾问成本，提升前线团队质量和效率。瑞银将投资顾问打造为维系客户关系的核心，具体做法包括：一是提高办公自动化、数字化水平；二是采用团队协作模式，将不同领域的投资顾问划分为5—50人团队，截至2018年第三季度，纳入团队的顾问约占全体顾问的50%，不仅为客户提供全方位服务，而且可以减少因个别顾问离职而带走客户资源的情况，降低客户流失率；三是帮助顾问成为持牌金融咨询师，形成稳定的职业规划，顾问离职率从2014年的4%下降至2018年的3%。2013—2020年雇佣的投资顾问从1.13万人下降至0.96万人，累计下降15个百分点，但人均贡献营业利润从309万美元提升至420万美元，特别是2017—2018年财富管理美洲部门和全球部门合并，大幅缩减了成本，提升了效益（见图3.6）。

服务流程设计清晰，分工明确，以客户需求为导向。瑞银财富管理部下设三个部门，协同作战。一是首席投资办公室（CIO）负责提供投资建议，拥有近200名投资专家，24小时跟踪并提供关键领域投资建议，形成UBS观点，确保瑞银对外发布观点的同步性和一致性，并成为瑞银各个部门资产配置决策的重要依据。

二是客户策略办公室（CSO）对客户需求、行为和偏好进行深入分析，制定符合各类客户需求的产品组合。三是投资方案平台（IPS）负责制订并执行具体投资方案。三大部门协同配合，理财顾问充分了解客户需求，CIO 给出大类资产配置框架，结合 CSO 客户行为和风险偏好分析，IPS 提供投资方案，形成投资组合。

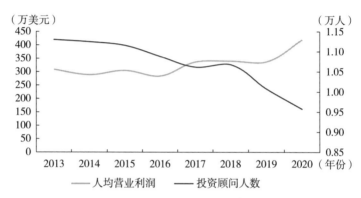

图 3.6 投资顾问人数递减，人均管理资产规模递增

资料来源：公司年报，泽平宏观。

金融科技：转型之路不易，但仍高度重视并积极探索

瑞银在 2012 年开始布局数字化建设。在资金方面，瑞银在科技领域投入超过集团收入的 10%，2018—2020 年，瑞银集团每年对科技的投入达到 35 亿美元。

瑞银关注云技术、机器人、人工智能等领域，应用于成本节约、提升客户体验、风险管理等领域。一是云技术。传统的服务器存储数据造价高，容易造成浪费，云技术存储可以更高效地处理高峰时段订单，目前瑞银已经将 1/3 的数据转移到私有云上。

金融模式

未来4年，瑞银致力于将数据分散存储在服务器、私有云和公有云上。二是人工智能。截至2018年，瑞银投入使用1 000台机器人，帮助投资顾问解答客户问题，减少人工操作错误。新冠肺炎疫情期间，瑞银在商业银行业务中部署了80多个机器人来加快信用业务申请。瑞银在更复杂的业务中加入机器学习，用于风险管理和反洗钱识别。三是开放平台。瑞银致力于平台资源整合和开放，例如构建财富管理平台One WMP，将全球范围内提供的产品和服务整合；又如与供应商组建合作伙伴平台，允许上下游公司联合提供产品，提升客户服务体验。

2016年，瑞银涉足智能投顾领域，投资10亿美元研发Smart-Wealth平台。一是客户下沉，起投门槛定为1.5万英镑，大大低于传统财富管理；二是自动化管理，平台根据客户财务状况、风险偏好、理财目标等定制投资策略；三是服务流程便利，客户只需进行线上注册，即可享受由瑞银提供的投资模型建议。但两年来，智能投顾运行得并不理想。一是战略定位不符，瑞银擅长通过知名品牌和悠久历史获取客户信任，给高端客户提供尊贵服务，而门槛大幅降低后，与瑞银长期以来维护的高端战略不符。二是成本效益不匹配，一方面客户人数增加后瑞银需配备更多人手，另一方面瑞银对客户收取较高管理费（约为1.95%），高于其他智能投顾平台，竞争力较弱。2018年瑞银决定退出，数字化进程受挫。

2018年瑞银再度加速金融科技布局。瑞银分别在美国和国际上建立统筹运营平台，升级后端和中端办公平台。2018年与第三方软件商Broadridge合作开发财富管理平台，美洲以外约85%的投资资产在此平台登记，美洲平台已在2021年完成第一阶段的软件交付。新冠肺炎疫情期间，瑞银通过数字功能加强客户关系，超过 95% 的内外部员工在疫情期间实现了远程工作，全数字渠道的客户参与度提升。CEO 纳拉蒂尔指出，技术将成为未来 10 年的财富管理行业的重中之重，公司的技术规模最终将决定公司的排名，不过技术不会取代财富顾问。

第三节　中国如何培养财富管理巨头

财富管理是国家高端服务业发展方向，是金融机构做大做强的突破口，是金融开放后各路金融机构的兵家必争之地。一个成熟健康的财富管理行业可以发挥金融服务实体经济、促进资源有效配置、承担社会和居民财富蓄水池的作用。

一、国家如何营造健全的财富管理体系

从瑞银的发展经验可以看出，成熟的财富管理是金融发展的高级形态，对资金、制度和市场均提出较高要求。一是资金层面。社会财富总量积累及部分高净值人群崛起，给财富管理带来了活水之源，这也是瑞银大力开拓美国和中国两大市场的原因。二是制度层面。尽管瑞士人均 GDP 已经达到 8.2 万美元，位居全球第二，但国内市场狭小，只能依靠具有竞争力的制度吸引全球富豪，因此集政治中立、银行保密、避税天堂、币值稳定、汇兑自由于一身的瑞士，迎合了富豪对安全性、低税率的需求。三是市场因

素。金融危机后，大量经济体实施负利率政策，倒逼投资者涌向更多元、更复杂的金融需求和产品，哪个经济体能提供公开透明、有效配置资源的金融市场、丰富产品供给，它就能吸引到可观财富，瑞银基于此布局全球资本市场。

综合来看，各经济体培育财富管理行业的路径不同。一是以美国为代表的大型经济体，在社会财富创造、制度优化、市场发达程度等方面做得都很出色，培育出数量最多的财富管理行业龙头，如美林、贝莱德等。二是以瑞士为代表的小型经济体，自身体量小，难以靠自身财富和市场撬动巨大需求，因此实施更具竞争力的制度政策，举全国之力实现避税、离岸、监管等便利措施，但容易受到外部冲击，例如美国对瑞士包庇逃税、漏税行为进行打击，瑞士也不得不放弃银行保密传统。

我国虽然已经成为世界第二大经济体，但财富管理发展尚在起步期。

一是财富管理初具规模。随着居民财富增长，中国已成为全球财富管理市场的重要组成部分。

二是财富管理相关制度尚不完善。瑞银清晰定位为财富管理机构，但我国尚未形成成熟的财富管理业态。银行一家独大，信托、券商、基金、第三方机构各分一杯羹，充当影子银行和通道；分业监管下各类机构监管规则不同，制度套利和监管不完善并存，财富管理发展受限。

三是市场尚不健全，产品供给匮乏。一方面，居民财富仍高度聚集在不动产、银行存款领域。根据社科院《中国国家资产负债表2020》，2019年居民非金融资产占比为43.47%，主要为住房；金融资产中，通货、存款及银行理财合计占到20.6%，而基金资产占比仅为3.3%。另一方面，多层次资本市场尚未健全，金融产品供给匮乏。结构性产品、衍生金融产品、全权委托账户等产品和服务发展相对滞后，难以给财富管理提供灵活多样的配置选择。

综上所述，启示如下：一是重视财富管理的重要作用，出台财富管理行业发展规划或指导意见，可试点在试验区或离岸市场创造税收、汇兑便利。二是监管机构以功能监管为原则，对不同类型、所有制、内外资机构给予公平准入机会，统一针对财富管理的业务规则。三是健全多层次资本市场，丰富产品体系，去杠杆、打破刚兑、禁止通道、减少嵌套的大方向是对的，但需要"开前门堵偏门"，让居民财富找到保值增值新途径。

二、机构如何发展成优秀的资管公司

瑞银发展折射出行业发展规律。一是资管符合全球金融混业演化大趋势。瑞银、花旗出身银行，美林、摩根等出身投行，但最终向资管转型，实现了混业效益最大化。二是财富管理和资产管理机构合作大于竞争。全球前十大资管机构，基金系六家、银行系三家、保险系一家。财富管理立足客户资金端，以银行、投行系为主，资产管理立足产品端，基金系居多，财富管理巨头瑞银即使涵盖各种业态，也难以做到资金端和产品端通吃，两种细分业态以合作为主。三是大型机构赢者通吃，中小机构精品化转型。财富管理注重品牌和口碑积累，例如瑞士私人银行业，除了金融巨头瑞银、瑞信，也给一些精品特色中小型机构留下了生存空间。四是积极布局金融科技，减少成本，提高经营效率。

我国财富管理市场巨大，但存在以下问题。一是积累不足，起步晚，发展滞后，财富管理经验积累不足。二是政策限制，财富管理业务受限，例如证券法规定券商不能全权代理客户理财，我国证券公司业态单一，发展落后于外资巨头。三是专业能力不突出，金融机构还处于"跑马圈地"阶段，强调做大规模，但专业化和主动管理能力存在短板。四是业务模式停留在代销阶段，瑞银财富管理55%的收入来自固定管理费，即按照管理资产的总规模收费，不会随着交易佣金大幅波动。而国内一些财富管理机构沦为产品销售机构，依靠销售佣金或经纪收入，此种商业模式下存在利益冲突，顾问倾向于给客户推荐佣金高的产品，而不一定是适合客户的产品。未来随着银行理财子公司和外资资管公司进入市场，国内财富管理机构将面临更严峻的竞争。

综上所述，启示如下：监管层面，给予政策支持，让内外资资管机构站在同一条起跑线上。机构层面，找准自身定位，借鉴外资巨头发展经验，提高专业化服务能力，包含投资管理、财富规划、借贷服务以及企业咨询等一揽子服务，加大金融科技投入。

第四章

贝莱德：
全球最大资产管理公司如何掌管万亿财富

贝莱德与黑石颇有渊源。早年间，黑石招募了传奇交易员拉里·芬克（Larry Fink），组建起资管业务部门，后来越做越大，1988年另立门户。20世纪80年代末，美国共同基金行业中，富达、先锋已经初具规模，新成立的贝莱德资产规模最初仅为10亿美元，短短30余年跃升为掌管约9万亿美元的全球资管巨头。贝莱德成功实现逆袭，再到游刃有余地掌管数万亿美元规模资金，做对了什么？

贝莱德的成功逆袭在于抓住被动投资、机构化、买方服务转型重大机遇，敢于逆势扩张。一是抓住被动投资大趋势，贝莱德斥巨资并购全球最大ETF平台iShares，成为美国第一大ETF发行商，该平台为贝莱德贡献1/3的AUM、五成收入。二是积极迎合不断壮大的养老金等机构投资者需求，贝莱德发力养老金委托管理业务，成为美国养老金第一大管理人。三是发力金融科技，打造风险管理护城河。贝莱德每年投入巨资在金融科技领域并用于风险管理，2020年技术投入费用为3.97亿美元，技术服务收入为11.39亿美元，占营业收入的7%。其自行研发的阿拉丁系统，将风险管理、组合管理、交易、结算等进行一体化管理。强大的风险分析与管理能力使其免受次贷危机重创，为扩张提供了强有力的支持。

我国公募基金作为资产管理细分领域，对内面临银行理财子公司、券商资管等竞争；作为金融开放的前沿阵地，对外面临海外基金巨头抢占市场。行业如何发展，机构如何定位，成为各公募基金公司面临的共同问题。贝莱德在美国共同基金发展浪潮下的崛起可以为我国公募基金的发展提供重要借鉴。*

---

* 本章作者：任泽平、曹志楠、梁珣，彭阳对数据更新有贡献。

第一节　贝莱德跨越式成长 30 年

一、历史纵览：30 年跃升为全球资管巨头

初期奠基期（1988—1994 年）：脱胎于黑石，奠定了风控基因。创始人拉里·芬克曾是第一波士顿的债券交易员，开创了房地产抵押贷款债权凭证（CMO），但因一桩高风险交易巨额亏损而被解雇。1988 年芬克创立了贝莱德，获得私募巨头黑石公司 500 万美元投资，并成为其资产管理部门。芬克吸取了教训，大力推动风险管理系统技术开发，资产管理范围从固定收益类产品逐步扩展到封闭式基金、信托及养老金等产品。1988—1994 年，贝莱德资管规模从 10 亿美元增长至 200 亿美元，年化增速达 64.8%。

内延发展期（1995—2004 年）：自立门户，打造风控护城河。随着业务规模做大，贝莱德于 1995 年独立出来，被黑石出售

给 PNC 金融服务集团，PNC 向贝莱德提供其大型分销网络并注入股权、流动资产、共同基金等业务。1999 年贝莱德在纽交所上市，募集了 1.26 亿美元股本金，为其后续扩张提供了宝贵弹药。1999 年贝莱德自主研发核心系统阿拉丁。该系统集风险分析与投资管理于一体，并在此基础上形成了解决方案平台，铸造起自身风险管理护城河。1995—2004 年，资管规模从 530 亿美元增长至 3 420 亿美元，年化增速达 23.0%。

外延并购期（2005 年至今）：乘被动投资东风，逆势扩张。这一时期美国主动型基金收益快速下滑，低成本的被动投资兴起，贝莱德借助 ETF 东风，通过一系列资本运作逆势扩张。2005 年收购道富研究与管理（SSRM），从固收类产品拓展到权益类产品；2006 年与美林资管（MLIM）合并，引入大量机构投资者，资产规模翻倍。2008 年次贷危机使众多大型金融机构深陷破产困境之际，贝莱德凭借出色的风险管理能力，不但免受波及，而且成为美国政府清理有毒资产的专家顾问，名声大振。同时芬克也瞄准了备受危机摧残的 ETF 巨头，2009 年斥资 135 亿美元收购了巴克莱全球投资（BGI），获得了其旗下全球最大的 ETF 交易平台 iShares，实现了从主动管理向被动投资的转型，资产规模从 1.3 万亿美元增长至 3 万亿美元，跃升为全球第一大资产管理公司。

资管规模已经位居世界第一的贝莱德并没有停止创新的步伐，2011 年向卖方业务延伸，如成立小型资本市场，启动内部交易平台以降低对经纪商的依赖，启用人工智能，积极在 ESG（环境、社会和公司治理）领域开展投资等。2005—2020 年，贝莱德的管理规模从 4 530 亿美元增长至 86 767 亿美元（见图 4.1），年化增速达 21.8%。

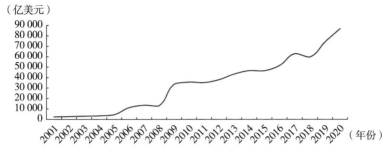

图 4.1 2020 年贝莱德 AUM 超过 8.6 万亿美元

资料来源：公司官网，公司年报，泽平宏观。

二、经营现状与业务布局

财务透析：资产负债率低，盈利能力稳健

资产管理规模驱动利润稳定向上。截至 2020 年，贝莱德总资产为 1 770 亿美元，营业收入达 162 亿美元，在 2021 年《财富》美国 500 强中位列第 192。贝莱德属于轻资产运营，2009 年之前其总资产仅为 200 亿元，2009 年后次贷危机时期，贝莱德全力收购 BGI，资产规模得到大幅提升。总体而言，相比于我们此前研究的金融巨头高盛、瑞银，贝莱德资产规模看上去不大，但其管理的资产规模非常大，而且盈利能力十分突出。

贝莱德掌管的资产可谓"富可敌国"。发展至今，贝莱德稳居全球最大资产管理公司宝座，2020 年末 AUM 达 8.68 万亿美元，截至 2021 年 3 月末为 9.007 万亿美元，这一资金体量约占中国 GDP 的一半，遥遥领先于第二名先锋集团的 7.2 万亿美元 AUM。

在盈利水平上，2010—2020 年，贝莱德集团盈利水平持续提升，

营业收入、净利润年均复合增长分别达到11.9%、17%。2020年贝莱德营业收入为162亿美元，净利润为49亿美元，净利润率为30%。

在资产负债率上，2020年账面资产负债率为78.7%，但大量资产和负债为独立账户的养老金持有资产和保险抵押品，如果剔除这部分不属于贝莱德经营所需的资产和负债，真实资产负债率仅为30%。

业务结构：固定管理费占总营收比例超过80%

贝莱德业务收入主要来自投资咨询、管理费用和证券借贷业务，具体可划分为固定管理费、业绩表现、技术服务、产品分销、咨询及其他。固定管理费基于资产管理规模收费，是主要收入形式，如图4.2所示，2020年末，固定管理费收入为126.4亿美元，占比为78%，其次是技术服务收入、产品分销收入，分别达11.4亿美元、11.3亿美元，占比分别达7.03%、7.00%，而与主动管理更相关的业绩表现费占比为7%。

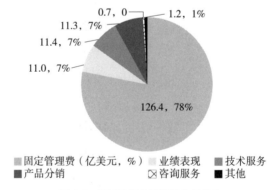

图4.2　2020年末贝莱德业务分布

资料来源：公司年报，Wind，泽平宏观。

第二节　如何掌管万亿资产

一、抓住三大时代机遇：市场有效性提升、机构化进程加快，行业收费模式重分市场蛋糕

市场因素：把握被动投资趋势，成为全球 ETF 巨头

美国被动投资兴起，指数基金和 ETF 迎来黄金发展期。被动投资是指不主动寻求超越市场的表现，力求获得市场平均收益。最早的指数基金是先锋公司在 1976 年发行的先锋 500 指数基金，但起初并不受市场青睐，被评论为"追求平庸""傻瓜的发明"，1999 年被动型基金占比仅为 5.9%。

在量化宽松、市场有效性提高和 ETF 金融创新背景下，被动投资迎来黄金期。一是量化宽松政策向市场注入廉价流动性，催生美股低波动上涨，标普 500 指数年化平均收益达 10%，吸引了大量投资者复制市场走势。二是资本市场有效性提升，获取超额收益的难度加大，股神巴菲特曾指责基金经理收费太高，吞噬了投资者的收益，并建议普通投资者投资指数基金。三是 ETF 金融创新极大地便利了被动投资。ETF 具有透明度高、流动性好、风险分散等特征，迎合了被动投资理念。受 2008 年次贷危机影响，资金从主动管理流向被动产品，指数基金规模由 2008 年的 1.2 万亿美元增至 2018 年的 6.6 万亿美元，占共同基金的比例从 13% 升至 37%。

贝莱德乘被动投资东风，密集布局被动投资。2009—2020 年，iShares ETF 规模由 0.50 万亿美元升至 2.7 万亿美元，年均增长 16.6%，带动整体 AUM 由 3.3 万亿美元增至 8.7 万亿美元，年均增长 9.2%，指数基金占管理的长期资产比例达到 72%（见图 4.3）。2019 年末，iShares ETF 在美上市 368 支产品，涵盖全部资产类别，市占率近 40%，稳居第一。

图 4.3　贝莱德投资策略向被动型转型

资料来源：公司年报，Wind，泽平宏观。

机构因素：美国养老金市场繁荣，机构投资者大力发展

美国养老金体系改革、婴儿潮一代人退休等推动养老金入市规模增加，形成"养老金入市—股权融资改善—企业盈利向好—股市增长—养老金规模增加"的螺旋上升过程。一是养老金体系改革，1974 年，《雇员退休收入保障法案》中推出 IRAs（个人退休账户），允许个人将部分应税收入存入 IRA 个人账户，到期后取款才需缴纳个人所得税；1978 年《国内税收法》新增第 401

条k项条款，规定缴费确定型养老金享有税收递延优惠，此后以401k计划与IRAs为代表的养老金成为美国共同基金的重要资金来源。2009—2020年美国养老金市场资产规模由16.1万亿美元增至34.9万亿美元。二是婴儿潮一代人退休需求驱动养老金规模增长。20世纪90年代以后，缴费确定型退休计划进一步普及，叠加婴儿潮时期出生的人开始为退休做准备，养老金市场规模迅速膨胀，进一步推动股市向上。2020年末，养老金账户（IRA账户和缴费确定型计划）投资于共同基金市场规模达11.1万亿美元，占共同基金总规模的46.5%。

贝莱德瞄准机构客户，深耕于养老金领域。贝莱德的AUM中，机构投资占六成（其余为零售客户占一成，iShares作为独立的交易平台占三成），其中最重要的就是养老金。自2009年，贝莱德养老金规模由0.27万亿美元增至2020年的3万亿美元，占其管理机构投资者资产规模的66%，贝莱德也成为全球最大的养老金管理人（见图4.4）。

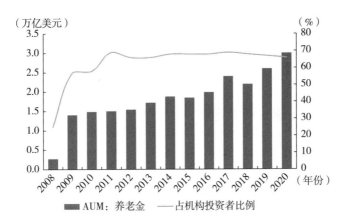

图4.4 贝莱德养老金投资占机构投资者比重约为66%

资料来源：公司年报，泽平宏观。

行业因素：基金销售卖方模式向买方模式转型

从 20 世纪 80 年代起，美国共同基金行业收费体系逐渐成熟，专业的独立投资顾问出现，经历过两次收费模式的转变。一是由一次性申赎费向持续性收费转变。70 年代基金收费普遍采用申购费、赎回费方式，在基金持有人购买和赎回时一次性收取，导致频繁申赎。为了鼓励长期持有、降低持有成本，1980 年 SEC 制定了 12b-1 规则，从基金净资产中扣除支付顾问和销售的费用，12b-1 规则要求该费用不得超过基金净资产的 1%，其中分销和营销部分每年不超过 0.75%，服务费用部分最高不超过 0.25%。但该种收费模式也因不透明而饱受诟病。二是由卖方佣金制转向买方咨询服务费用，传统的分销渠道模式需要支付给渠道商高额的尾随佣金，成本居高难下，指数基金的出现加剧了市场竞争，各机构不断下调费率，将 12b-1 费用降为零，零费基金占比逐渐提高，行业由卖方佣金向买方咨询服务费变革，压缩了销售渠道成本，倒逼基金公司聚焦产品和投研服务。根据 ICI（美国投资公司协会）的统计，2018 年，美国长期共同基金中零费基金占比达到 72%。

二、内部驱动：资本运作，降低费率，金融科技

扩规模：对内资本运作，对外全球扩张

一是贝莱德善于资本运作，依靠并购成为全球最大的资管机构（见表 4.1）。创始人芬克看好被动投资机会，带领贝莱德依靠

并购实现逆袭，最成功的案例莫过于2009年趁巴克莱刚完成雷曼兄弟股权和公司融资业务的收购亟须补充资本金时，一举拿下BGI。在这笔交易中，贝莱德以66亿美元现金和69亿美元股票为对价收购了BGI，以复杂的交易结构撬动了最大杠杆。其中，仅有8亿美元来自其现金储备，10亿美元为短期债务，20亿美元为花旗、瑞信等银行提供的信贷，以及中国、科威特、新加坡主权投资基金承诺在交易结束时购买28亿美元股份。资本运作彰显了强大的政商资源。创始人芬克人脉广泛，同美国财长、美联储纽约分行前总裁盖特纳保持着密切联系。芬克曾两天两夜打电话与投资者联系，动用大量人际关系，才筹齐收购BGI所需的资金。

表4.1 2005年起贝莱德主要并购事件

时间	事件	扩张范围	交易对价
2005年	控股道富研究管理部门（SSRM）和投资顾问团队	退休金管理	3.25亿美元现金和5 000万美元普通股
2006年	收购美林证券投资管理部门（MLIM）	权益型基金、全球销售渠道	5 239.5万股普通股和1 260.5万股A类优先股
2007年	收购Quellos Group, LLC.	另类：对冲、私人股权、不动产FOF（基金中的基金）	17亿美元现金
2009年	收购巴克莱全球投资（BGI），包含其iShares平台	养老金管理、权益型基金、ETF	66亿美元现金和总计69亿美元的3 780万股股票
2012年	收购加拿大Claymore Investments、瑞信ETF	ETF	—
2015年	收购美国公司Future Advisor	技术咨询：技术模拟、计算相关投资的风险和盈利能力	2.73亿美元现金

续表

时间	事件	扩张范围	交易对价
2016 年	投资金融科技平台 iCapital Network	为高净值投资者及其顾问提供对冲基金	—
2017 年	收购领先的金融技术提供商 Cachematrix	现金管理领域的技术	—
2018 年	收购法国公司 eFront	另类：全生命周期业务的综合技术解决方案	13 亿美元现金

资料来源：公司年报，公开资料整理，泽平宏观。

成功收购 iShares 指数基金平台为贝莱德扩张提供了利器，带来了近 1/3 的 AUM。作为独立的交易平台，iShares 为机构客户、零售客户提供全球范围的交易，2009—2020 年 iShares ETF 占比由 15% 大幅提升至 30.8%。同时，iShares 也带来了五成收入。2009—2020 年 iShare ETFs 收入由 1.6 亿美元升至 46.2 亿美元，年均复合增长 36%。以收入占比最高的权益型和固收型产品为例，2020 年末 iShare ETFs 指数型基金占比近 50%，主动型基金仅占 39%。

二是把握全球化趋势，对外扩张。贝莱德加快战略并购步伐，全球拓展 ETF 业务，包括收购加拿大 Claymore Investment 公司、瑞士信贷的 ETF 业务、花旗集团旗下墨西哥资产管理业务等提升在各地的布局深度。目前，贝莱德在全球有超过 30 个市场，有 69 个全球网点。2006—2007 年，贝莱德海外收入占比由 18.3% 跃升至 36.7%，此后占比维持在约 1/3。2018 年末，亚太区 AUM 为 0.6 万亿美元，营业收入为 7 亿美元，欧洲、中东等地区的 AUM 为 2.4 万亿美元，营业收入为 49 亿美元，海外合计 AUM 占比为 36%，海外收入占比 35%。

金融模式

贝莱德看好中国发展机遇，加快布局在华私募、公募业务。贝莱德认为中国是全球最具潜力的投资市场之一，也是其全球战略的关键一环，未来或成为新的盈利增长点之一，因此近年来不断加大在华业务布局。2017年进军私募，成立贝莱德投资管理（上海）有限公司。2020年4月，中国取消了基金管理公司外资股比限制，4个月后，贝莱德基金管理有限公司获批。

促赢利：打造全谱系产品，低费率，挖掘特色产品盈利点

首先，打造全谱系产品线。一是巩固固收类产品传统优势。贝莱德在切入ETF领域前，已经在固收领域积攒了20余年经验，2009年大举进入ETF领域后，固收类ETF成为其特色产品之一，包括国债、公司债、通胀保护、抵押支持、地方债、可转债领域等细分ETF产品。截至2020年末，贝莱德在美国市场的固收ETF资管规模为0.38万亿美元，市占率高达46%。二是提高权益类产品比重。贝莱德依托一系列投资工具为投资者提供服务，主要包括开放式基金、封闭式基金、iShares ETF、独立账户、单一集合信托等，2020年贝莱德51%的资金投向权益产品。三是发展另类业务。贝莱德从多次收购中获得权益型、另类产品能力，另类资产AUM占比虽不足5%，但业绩表现中收入贡献突出，2007年以来另类投资业绩表现创收贡献高达60%，2020年末其占比已达到85.4%。伴随着另类投资需求增加，规模和收入均会进一步提升。四是挖掘Smart Beta策略盈利点。贝莱德积极在被动投资中融入主动管理能力，Smart Beta为增强型ETF的一种，在基金成分不变情况下，依据价值、红利、动量、低波动、质量、规模等因子调整基金内股票权重，以形成因子指数型被动投资 ETF，在获得市场组合 Beta 收益的基础上，赚取与因子相关的 Beta 收益。截至 2019 年末，iShares 的 Smart Beta ETF 资产管理规模达到 0.40 万亿美元，市占率为 39.2%，产品加权平均费率为 0.2%，低于全市场 Smart Beta ETF 的加权平均费率 0.23%，但高于 iShares 上其他 ETF 费率，在市场上具有价格优势的同时，在一定程度上增加了收入。

其次，主动降低全产品体系费率。在费率竞争方面，贝莱德在提供全谱系产品基础上，着力于降低费率。一是 ETF 核心系列产品超低费率。贝莱德设置 ETF 核心系列产品共 25 支，覆盖各类资产、地域和策略，跟踪市场主流宽基指数，便于普通投资者认购。截至 2020 年 4 月 13 日，核心系列产品净资产为 5 180 亿美元，占全部 ETF 规模的 34.7%，该系列平均费率仅为 0.06%，远低于 ETF 整体加权平均净费率 0.18%。二是传统固收产品维持低费率，贝莱德在美国上市的债券型 ETF 近 4 000 亿美元，加权平均净费率为 0.16%，仅约为市场平均费率的 1/3。三是主动型产品降低费率，2017 年起公司通过智能研究、引入量化投资来降低主动管理成本，当年主动管理权益型产品开始反弹回升，2017 年规模增长 710 亿美元，同比增长 13.2%。

管风险：研发阿拉丁系统，强大的风险分析与管理能力是其立身之本

贝莱德重视金融科技的投入，维持技术领先地位。早期芬克在第一波士顿的失败经历使其高度重视风险管理。2020 年末贝莱德技术投入费用为 3.97 亿美元，占其管理费用的 16.1%（见图 4.5）。在公司内部，贝莱德围绕核心系统阿拉丁推出包括投资解决方案在内的一系列技术支持平台，成立数字财富集团以深化与财富管理合作伙伴的关系，建立人工智能实验室，制定"Tech2020"规划等。在公司外部，贝莱德通过深度合作、收购、提升内部创新能力等方式不断扩展科技能力边界，例如收购 FutureAdvisor、投资 Scalable Capital 等机器人投顾，减少人力成本，增加 ETF 分销渠道。

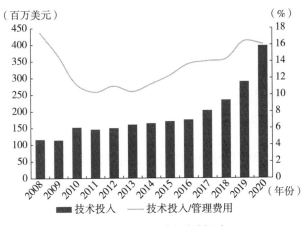

图 4.5　技术投入金额稳步提升

资料来源：公司年报，泽平宏观。

阿拉丁系统是贝莱德自主研发的核心系统，可实现风险管理、组合管理、交易、结算等业务的流程、数据、信息在平台上的完美融合。该系统占用 6 000 余台服务器，由 2 000 余人负责全天维护，其基础是一个大型历史数据库，依据历史信息，通过蒙特卡洛法则生成大型随机样本，构筑未来可能出现的多种情形，以此建立统计模型，揭示在一系列未来条件下所有种类金融资产的表现。1999年阿拉丁系统上线时仅作为数据中心分析债券风险,随着业务版图扩张、技术升级等,现已成为基于历史数据和金融模型来预测债券、股票等金融产品价格等并相应给予客户投资建议的平台。

表4.2 阿拉丁系统具体功能

功能	具体服务
风险管理	监测2 000多个风险因素,每周进行投资组合压力测试和期权调整计算;测试潜在的情景来评估市场因素变化
组合管理	结合复杂的风险分析、绩效归因、投资组合管理、交易工具
交易管理	支持强大的多投资组合,包括合并、拆分和交叉订单等
运营管理	所有操作流程都在同一个平台上运行,打通不同业务平台
合规管理	确保订单创建、交易执行和交易后的每个阶段都是合规的
技术管理	跟进技术变化,无缝提供增强功能

资料来源:公司官网,泽平宏观。

大力投入风控平台和金融科技,为贝莱德带来了四点优势。

一是实现自身风险管理。贝莱德曾深入涉足住房抵押贷款证券市场,但其凭借强大的风险管理能力,在次贷危机爆发前已把风险最大的债券清出资产列表,成功地在危机中独善其身。2008年第四季度贝莱德归母净利润为0.52亿美元,ROE达6.63%,远超大部分金融机构。

二是提高品牌影响力。2008年金融危机时期,各大金融机构破产,贝莱德与美国政府签署金融救援计划帮助贝尔斯登、房利美、房地美等机构管理有毒资产,受邀为政府和企业纾困,其风险智库的声名远播,后有荷兰、瑞士、英国等多国政府将资产交由贝莱德打理。

金融模式

三是创造收入增长点，护城河作用显现。阿拉丁在服务贝莱德自身业务外，也不断向其他资管公司、财富管理公司等输出科技。阿拉丁系统风险分析服务于包括银行、养老金、保险公司、主权投资者及捐赠基金等机构，服务对象在全球已超过 500 家公司、55 000 名投资专业人员，参与管理的投资组合超过 80 万个。2008—2020 年技术服务创收年均复合增长 17.24%，2020 年技术服务收入为 11.39 亿美元，占其营业收入的 7%，是增长最快的收入部门之一。

四是降低运营成本。量化投资策略及人工智能投资技术的应用导致人工被替代，自 2013 年以来，贝莱德经历了三轮大规模的裁员，最新是 2019 年第一季度宣布裁员约 500 人，占总员工数的 3%，其中约有 40 名主动型基金部门员工被裁，包含 7 名投资组合经理。2013 年以来，薪酬及福利费用、管理费用规模稳定，增速处于下行趋势，二者占营业收入的比例持续缩小。

第三节　中国如何培养公募基金巨头

中国公募基金作为资产管理细分领域，对内面临银行理财子公司、券商资管等的竞争；作为金融开放的前沿阵地，对外面临海外基金巨头抢占市场的压力。行业如何发展，机构如何定位，都成为中国公募基金共同面临的问题。贝莱德在美国共同基金发展浪潮下的崛起可以给我国公募基金的发展提供重要借鉴。

一、行业启示：三要素培育公募基金成长环境

一是引导长期资金入市，促进资本市场健康发展。一方面，我国市场长期投资者不足，我国资本市场中投资者结构以个人投资者为主，长期资金较缺乏，资金主要来自个人投资者银行储蓄的转化，有短期化、散户化特征。另一方面，机构行为散户化，我国大多公募基金产品设置跟随短期行情波动，不按自身特点发展长期优势业务，同类产品扎堆发行，一定程度上加剧了股票市场波动，助涨助跌，与价值投资的健康发展背道而驰。建议引导以养老金等为代表的长期资金入市，促进资本市场健康发展。参考美国经验，应大力推进养老补充体系建设，加快拓展社保基金、养老金、企业年金、教育基金、慈善基金、遗产信托、家族信托等机构的长期资金进入股市。

二是丰富资本市场工具，提高市场有效性，推动被动投资 ETF 扩容。美国经验表明，指数基金、ETF 是成熟有效的资本市场的重要投资工具。目前，我国由于资本市场有效性不足，超越指数的 alpha（超额收益）仍然存在，主动基金在一定时间内可以获得超额收益。截至 2021 年 6 月末，我国 ETF 资产管理规模为 1.25 万亿元，占公募产品资产净值的比重为 5.56%，相比于美国 ETF 在公募基金中占 18% 的比重，潜力巨大。未来随着资本市场制度的不断完善，以及资本市场的有效性提升，ETF 作为居民财富配置的重要一环，将迎来高速发展。

三是推动基金收费模式向买方投顾转型。我国公募基金的销售服务费相当于美国的 12b-1 费用，当前仍有约 1/3 的公募基金收取该费用，费率为每年 0.01%~1.5%。卖方代理模式下，基金公

司依赖银行、券商和第三方平台代销，基金公司向销售渠道支付高额销售费用，销售渠道因而难以站在中立立场上向客户推销合适产品，基金销售成本居高不下。2019年10月，证监会下发《关于做好公开募集证券投资基金投资顾问业务试点工作的通知》，试水基金投资顾问业务。买方投顾模式下，客户分别向基金公司和投顾机构支付管理费和投顾服务费，有效降低了基金公司对渠道揽客的依赖，基金公司则以提供产品和服务为单一目标，有利于行业的健康发展。

二、公募基金发展的启示

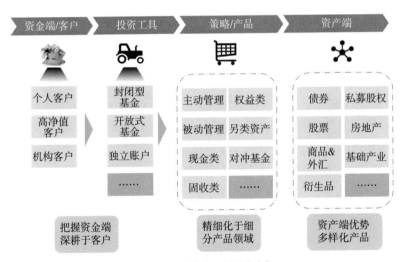

图 4.6　定位清晰，差异化竞争

资料来源：泽平宏观。

第一，保持主动管理优势，抓住行业趋势布局 ETF。一方面要继续发挥主动管理优势，由于我国资本市场有效性较低，超过半数的基金产品在扣除相关管理和交易费用后，依然能够获得超过被动指数的收益，主动基金在一定时间内可以获得超额收益，公募机构可继续发挥投研优势，在大资管领域特色发展。另一方面，在被动投资趋势下，提前布局ETF。我国正经历被动投资的快速发展阶段，2005—2019年指数基金规模由285亿元上升至16 494亿元，年均复合增长31.1%，高于主动投资28.2%的增长。其中ETF有显著的先发优势，越早深耕该领域，"大规模、低费率"的正反馈循环持续时间越久。贝莱德优先在全球主要资本市场布局ETF产品，当前其产品遍布全球，规模稳居第一。

第二，定位清晰，选择差异化发展路径。未来市场竞争激烈，市场集中化、头部化成为趋势，定位清晰的机构将获得更多发展空间。贝莱德就是从债券投资管理依靠并购扩张，一步步发展为全能型资管巨头。一是全能型基金公司，凭借齐全的业务牌照、丰富的产品线、广泛的渠道资源，布局资管全链条、产品全覆盖，发挥规模效应，满足各层次客户的综合需求。二是精品型机构，以某一擅长投资领域立足于市场，例如主动管理型、指数投资型、量化投资型、货币理财型等优势领域。

第三，迎接低费率挑战。在当前市场同质化相对较高的情况下，可通过如下方法应对。一是细分市场，依照不同的投资者设定收费门槛，以差异化降低费率吸引不同收入阶层的投资者。二是与证券公司紧密合作减少交易佣金，在政策限制下，公募基金无法开展独立的经纪业务，但可以与证券公司紧密合作降低费率。通过对各方面成本的降低，最终过渡到零费基金。三是在金融科技赋能下，线下渠道向线上渠道转移，缩减渠道费用。

第四，发展金融科技。金融科技向包括大资管行业在内的各项金融领域渗透，驱动效能提升和业态变革。一是引导建立类似阿拉丁的以资产管理为核心的系统，将信息、技术、人员高效连接。目前行业内大多数资管公司尚未建立有效的资产管理信息系统，风险管理仍然较为初级和低效，金融科技发展力度的加大可帮助投资机构实现有效的风险管理，提高交易效率和扩大投资规模。二是加速智能投顾推行，以客户为核心，智能连接客户与资产配置服务打通资管链条，降低投资门槛与咨询费率、提高人工投顾效率，改善客户体验。此外，还可借助大数据、云计算、人工智能等对海量数据进行分析，有效消除投资经理个人局限。

第五章

黑石：私募之王押注全球另类资产

贝莱德和黑石的两位传奇掌舵人交集虽短暂,但他们都依靠洞察趋势、创业精神和专业态度,铸就了两家伟大的公司。本章来揭秘另类资管之王——黑石。

如果说贝莱德乘上的是被动投资快车,那么黑石抓住的就是不动产投资大机遇。20世纪80年代储贷危机,黑石在低谷中看到不动产投资机会,成为不动产领域的投资风向标。AUM从1985年的40万美元增长至2020年的6 185.6亿美元,募资总额排名位于PEI300榜单首位,在另类资产管理行业内市占率位列第一,坐稳了私募之王宝座。

黑石不动产投资的成功得益于三大核心能力。一是超强的募集长期资金能力。传统机构投资者贡献了黑石总AUM的76%,1/5的资金采用永久资本的筹集方式,给另类投资运作提供了充足空间。二是广泛获取被低估资产的能力。黑石投资产品覆盖全面,敢于在经济底部抄底资产,持有超过3 410亿美元的物业投资组合,地域覆盖美国以及欧洲、亚洲,类型涵盖商业、住宅、物流等业态,投资策略分为机会型、不动产债权、核心增益型,IRR分别达15%、10%、9%。三是杰出的投后管理能力,黑石通过分拆出售、整合出售、改造运营后出售等三种方式修复并提升物业资产价值,获得了卓越的投资收益。

黑石发展成为全球另类资产管理之王,深层次基因在于内外联动、洞察周期、谨慎投资、迅速动员。对外,精准洞察周期趋势,黑石壮大和超越的窗口期往往伴随着金融经济危机和行业低谷,凭借专业的研究抄底优质资产。对内,黑石与化学银行等机构保持长期合作关系,通过银团贷款迅速获得条件优厚的杠杆收购资金,首创的新型合伙机制"分支机构"在保障黑石集团股权不被稀释的前提下留住核心人才,严谨科学的投资审核流程和亏损零容忍的风格使黑石基金行稳致远。[*]

---

[*] 本章作者:任泽平、黄斯佳、曹志楠,实习生严子渔对数据更新有贡献。

第一节　私募巨头的崛起之路

一、发展溯源

初创期（1985—1990年）：咨询起家，杠杆收购业务破冰

20世纪80年代，美国经济从滞涨中逐渐复苏，收购交易飞速发展。1978年投资公司KKR借道垃圾债券融资收购了抽水机制造商乌达耶，标志着杠杆收购业正式诞生。

并购潮的超高投资收益引起了史蒂夫·施瓦茨曼（国内也译为"苏世民"，Steve Schwarzman）和彼得·彼得森（Peter G. Peterson）的关注，两人先后从雷曼兄弟离职，1985年创办了"黑石"，以并购咨询业务为切入点。截至1988年，黑石的并购咨询费达到2 900万美元，是其最主要的收入来源。同年，黑石下设资产管理部门，从事抵押证券和其他固定收益证券投资，此后该部门另立门户，发展成为全球最大的资产管理机构"贝莱德"，开启了另一段金融巨头传奇。

自成立之初，黑石便计划建立私募基金进军并购领域，但直至1987年"黑色星期一"后，黑石才凭借曾在70年代担任商务部长的彼得森的人脉，从保诚、纽约人寿、日兴证券等机构募得6.35亿美元，并于1989年完成第一笔收购交易——与美国钢铁集团共同出资收购"运输之星"，满足了其在融资的同时保住核心资产使用权的需求。该笔业务为黑石树立了"友好收购"的形象，年均130%的惊人收益率为黑石后来的募资铺平了道路。更重要的是，为交易提供收购杠杆融资的化学银行与黑石建立了长期合作同盟，其后化学银行壮大成为摩根大通的收购方之一，可谓双方相互成就。

探索期（1991—1998年）：储贷危机中另辟不动产投资机遇

1990年美国经济增长由正转负，信贷紧缩，过桥贷款爆雷，大量储贷机构破产倒闭。杠杆高企的垃圾债券创始机构德崇证券也走向末路，并购行业热潮衰减，交易金额由1989年的4 660.9亿美元骤降至1991年的1 769.9亿美元。黑石对经济形势出现了误判，在行业周期高点收购综合集团维克斯公司和钢材经销商埃德加康博，最终损失了在该项目中几乎所有的投入。

并购业务陷入低谷，倒逼黑石另谋出路。1991年黑石组建房地产投资团队，单独成立首只规模约1.14亿美元的房地产投资基金，以大幅账面折价收购爱德华-德巴尔托洛公司、卡迪拉克美景集团、六旗游乐园等物业。1992年底经济出现复苏迹象，黑石推动酒店特许经营系统公司和卡迪拉克美景集团上市，获得了超过 100% 的投资收益。凭借另类资产管理业务的卓越业绩，1997 年黑石第三只基金成功募得 40 亿美元，仅次于行业龙头 KKR 在 1996 年募集的 57 亿美元收购资本。

变革超越期（1999—2007 年）：科技泡沫破裂后，发展保险、信贷等多元化业务

1995 年后网景、雅虎等互联网公司上市，科技公司成为投资热点，风投基金收益大幅飙升，KKR、凯雷集团等均成立风投基金进军硅谷，黑石也成立通信合伙人基金（BCOM）募集 20 亿美元小试牛刀。但由于施瓦茨曼坚持黑石不具备风投公司在科技领域的投资优势，故而策略更偏谨慎，在 2001 年科技泡沫破灭时损失情况好于同行。

在市场低谷期，黑石建立私募信贷部门，开启了"秃鹰"投资。专注于有发展潜力但暂时陷入困境的公司债务，通过债务重组、调整经营业务等方式改善公司现金流状况，代表交易如收购阿德菲亚通信公司和查特尔通信的不良债务，通过出售资产、扩建优势业务等手段，在市场回暖时使公司经营回到正轨，黑石获利翻倍。

2003 年后，宽松的信贷环境和资产证券化创新促进了私募股权投资行业大繁荣。黑石大举收购了化学公司塞拉尼斯、美国最大的商业地产信托基金 Equity Office Properties、希尔顿酒店、半导体公司飞思卡尔等，2007 年 6 月黑石在纽交所上市。2004—2007 年，黑石集团实现总收入从 5.38 亿美元增长至 25.78 亿美元，年均复合增长率高达 68.6%。

后危机时代（2008年至今）：另类资产管理快速增长，行业集中度持续提升

2008年金融危机标普500指数在一年内跌去50%，2008年、2009年美国GDP分别下滑1%、2.5%，并购交易额从2007年的19 670.6亿美元骤降至2009年的8 776.1亿美元。2008年黑石亏损56.1亿美元，同期KKR巨额亏损128.65亿美元。

金融危机后，低增长和低利率促使资产价格上升，另类资管行业迎来发展期，2010—2019年全球另类资产管理AUM从4.1万亿美元增长至10.8万亿美元，年化增速达到11.4%。黑石再一次抓住行业周期底部的机遇，一方面，在房地产领域收购大量因无法偿还贷款而丧失赎回权的独栋房产，成立Invitation Homes公司进行修缮管理后租赁，发行房租资产支持证券实现投资退出。另一方面，黑石增加投资类别，扩大能源、生命科学、医疗领域投资布局，实施平台化管理以提高AUM。2009—2020年，黑石总收入由12亿美元增长至65亿美元，年化增速为18.4%。

二、发展现状

横向对比：黑石卫冕全球另类资产管理机构榜首

国际私募行业权威杂志 *Private Equity International* 根据过去5年募集资金总额排名发布PEI300榜单，2020年上榜的300家私募股权基金5年总募资额近2万亿美元，2020年黑石以959.5亿美元的总募资额卫冕全球私募基金榜首，占比为4.8%，第二位凯

雷集团为617.2亿美元，仅为黑石的63%，占比为3.1%，超强的募资能力背后是有限合伙人（LP）对私募基金投资能力和业绩的最直观的认可（见表5.1）。

表5.1 全球私募基金前十排行及2020年募资规模 （单位：亿美元）

名次	公司名称	募资规模	名次	公司名称	募资规模
1	黑石集团	959.5	6	NB Alternative	365.1
2	凯雷集团	617.2	7	CVC资本	358.8
3	KKR集团	547.6	8	殷拓集团EQT	344.6
4	TPG资本	386.8	9	安宏资本	334.9
5	华平投资集团	375.9	10	Vista Equity Partners	321.0

资料来源：*Private Equity International*，泽平宏观。

纵向对比：AUM从40万美元增长至6 000多亿美元

黑石集团从创立至今近40年，管理资产总额从最初的40万美元增长至2020年达到6 185.6亿美元。1995—2007年AUM的年化增速高达33.8%，2008—2020年AUM的年化增速趋缓，为16.9%（见图5.1）。

黑石采取轻资产运作，赢利能力较强。2004—2020年黑石总收入从5.38亿美元增长至65.15亿美元，年化增速为11.8%。近十年ROE平均为14%，赢利能力较强。在其近五年收入结构中，管理咨询费占比约50%，其余为业绩提成和自有资本投入。黑石是市场上首个采取门槛收益标准的另类资管机构，设定门槛收益为5%~8%，仅当基金总收益超过门槛收益时，普通合伙人（GP）才能确认超额业绩收益。

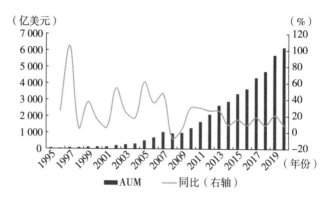

图 5.1　1995—2020 年黑石 AUM 及增长率

资料来源：公司年报，泽平宏观。

分部层面：私募股权板块 AUM 占比最高，房地产板块贡献收入比重最大

目前黑石集团四大业务板块为房地产、私募股权、对冲基金解决方案和私募信贷，私募股权板块 AUM 占比最高，房地产板块分部收入比重最大（见图 5.2）。

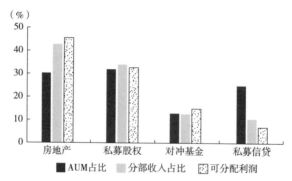

图 5.2　黑石不动产业务以三成的 AUM 贡献了四成的业务收入

资料来源：公司年报，泽平宏观。

房地产板块。黑石于 1991 年成立房地产投资部门，是最早投资于不动产的私募股权公司。截至 2020 年底，成功募集运营 22 只地产基金，黑石不动产基金在全球房地产投资组合的价值达到 3 410 亿美元，以 30.3% 的 AUM 贡献了 42.8% 的收入，综合 IRR 在 15% 以上。

私募股权板块。黑石首只私募股权基金于 1987 年开始封闭运作，主要有 5 类投资策略，包括公司私募股权基金、黑石战略机会基金、FOF 基金、基础设施合伙基金和生命科学基金，综合 IRR 在 12%~15% 之间。截至 2020 年，私募股权板块以 31.9% 的 AUM 贡献了 34.1% 的收入。

对冲基金板块和私募信贷板块规模较小，分别发力于 1990 年和 2008 年。截至 2020 年，对冲基金板块以 12.8% 的 AUM 贡献 12.6% 的收入，私募信贷板块以 25% 的 AUM 贡献 10.5% 的收入。

第二节 如何缔造不动产投资核心能力

黑石不动产基金在行业内最负盛名，根据全球私募地产投资领域权威媒体 PERE 公布的 2020 年全球私募地产机构排名 100 强榜单，黑石不动产基金在 2020 年募集资金 649.3 亿美元，位列榜首。在集团内部，不动产基金以 30.3% 的 AUM 贡献了 42.8% 的收入和 46% 的可分配利润，实现 IRR 为 17%，远高于 NFI-ODCE 指数（开放式多元化核心股权指数，一般被视为私募房地产基金业绩基准）的 8.4%。我们以黑石不动产基金为切入口来剖析黑石的运作模式。

一、强大的募资能力：吸引长期资金和永久资本不断流入

黑石集团的募资对象主要包括主权财富基金、保险公司、养老基金及高净值个人投资者等。黑石仅在 2018 年披露过投资者结构，来自传统机构的资产 3 340 亿美元，占比为 76%；来自零售客户和私人财富管理的资产规模从 2007 年 IPO 时的 100 亿美元增长至 580 亿美元，占比为 13%；来源于保险机构的投资资金共 470 亿美元，占比为 11%（见图 5.3）。

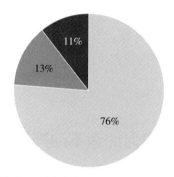

图 5.3 2018 年黑石 AUM 来源分布

资料来源：2018 Blackstone Investor Conference，泽平宏观。

黑石逐步提高长期或永久资本的规模比重，管理资产生命周期由 2013 年的 8 年左右提升到 2018 年的 12 年，2018 年 Q2 前 12 个月期间内来自长期/永久资本的收益占比超过 90%。在全部 4 大类投资基金中，有 13 只基金采用永久资本的融资方式，永久资本 AUM 从 2016 年的 373 亿美元增长至 2020 年的 1 349 亿美元，

占比由 10.2% 提升至 21.8%。其中，不动产基金永久资本 AUM 由 132 亿美元增长到 769 亿美元，年化增速高达 55.4%，占全部永久资本的比重由 35.4% 提升至 57%，占比最高。不动产基金资本的长期性为黑石提供了稳定的管理费收入，到期强制平仓的压力减小，也为黑石管理运作长期资产提供了更大的灵活性。

二、广泛获取低估资产的能力：三大策略覆盖各业态、各地域资产

黑石不动产基金的投资不涉及大规模开发和培育项目，而是以成熟的能够产生稳定现金流的物业为目标，致力于以低于重置成本的价格收购在下行周期中价值被低估的资产。黑石官网披露，2020 年底黑石不动产基金管理全球房地产投资组合的价值超过 3 410 亿美元。分业态看，截至 2019 年 3 月，黑石管理的物业资产包括全球 2.31 亿平方英尺*写字楼、7 500 万平方英尺零售物业、15.1 万间酒店客房、5.6 亿平方英尺物流地产，以及 30.8 万套住宅。

商业物业

黑石在商业物业方面的布局呈现出四个特征。一是投资时间最早，始于 1991 年储贷危机，黑石低价接盘遇到流动性危机的优质综合商业中心，如凯迪拉美景集团，2008 年后出手力度加大，如斥资 13 亿美元收购芝加哥地标性建筑西尔斯大厦；二是业态最

---

* 1 平方英尺 ≈ 0.093 平方米。

为丰富，最先以购物中心、连锁酒店等为标的，2006年后开始把写字楼作为投资方向；三是布局范围最广，首只欧洲、亚洲地产机会基金分别成立于2001年、2013年，基金设立后商业物业成为优先投资标的类别，近年来黑石看好亚洲经济体的消费和经济增长，先后大手笔押注了深国投商用置业、上海Channel1购物中心、上海怡丰城等商业物业；四是入手方式多样，以持有实物资产为主，收购股权和抵押贷款等手段为辅。

住宅物业

黑石布局住宅物业集中在2008—2015年，以深度折价大量收购在次贷危机中产生的止赎屋。止赎屋指的是由于贷款人无法偿还抵押贷款，被法律宣判丧失房屋赎回权的房产。2011年黑石成立BREP VII基金，承诺资产高达135亿美元，该基金专门设立6只子基金从银行收购止赎屋，尤其重仓危机中受创最严重的市场，包括菲尼克斯、拉斯韦加斯、奥兰多等；2008—2013年BREP系列两只欧洲地产基金募资近100亿欧元，将止赎屋模式复制到欧洲，如在西班牙财政赤字危机期间低价收购大量公寓楼。2012年设立Invitation Homes（INVH）集中修缮出租止赎屋，截至2020年末，INVH在全美共有80 177套房屋供出租，单户住宅物业投资净额约163亿美元。

物流地产

2016年起黑石逐渐加码布局物流领域。主要投资逻辑是看好全球电子商务的成长潜力，尤其是疫情加速了线上零售、生鲜电商的销售增长，黑石趁机加大对美国、中国、日本等国核心城市群中物流地产的收购。截至2020年底，黑石共收购超过9 300万平方米的物流地产。在美国的代表项目为2019年斥资187亿美元收购普洛斯位于美国的部分工业物流仓库，总面积达到1 670万平方米，创下了有史以来全球规模最大的私人房地产交易；在中国，2020年黑石以11亿美元从富力集团收购广州国际机场富力综合物流园70%的股权，创下在中国的最大投资金额（见表5.2）。

表5.2 黑石投资的物业项目举例

物业类型	项目	投资时间（年）	地区	成本（亿美元）	出手时间（年）	投资收益情况
商业中心	凯迪拉克美景集团	1995	美国	6.5	1997	7 300万美元
	Spirit 酒吧集团	2003	英国	—	2006	超过10亿美元
	上海 Channel1 购物中心	2008	中国	10	2011	售价14.6亿美元
	Multi Corporation	2013	荷兰	—	2020	2.832亿欧元
	深国投商用置业40%的股权	2013	中国	4	2016	售价130亿元
	西尔斯大厦（Willis Tower）	2015	美国	13	—	1.17亿美元
	塔博曼旗下中国西安、郑州以及韩国的三家购物中心50%股权	2019	中韩	4.8	—	—
办公物业	美国商业地产信托基金（EOP）	2006	美国	395	2006	约70亿美元
	奇斯威克园区（Chiswick Park）	2011	美国	4.8亿英镑	2014	仅出售收益高达2.5亿英镑
	上海怡丰城	2018	中国	12.5	—	—

续表

物业类型	项目	投资时间（年）	地区	成本（亿美元）	出手时间（年）	投资收益情况
连锁酒店	希尔顿酒店集团	2007	美国	260	2018	约140亿美元
	大都会酒店（the Cosmopolitan）	2014	美国	17.73	2019	—
住宅物业	加拿大房地产公司 Tricon	2020	加拿大	3.95	—	—
物流物业	向柯罗尼资本集团收购美国工业仓库资产组合	2019	美国	59	—	—
	向普洛斯收购其位于美国的部分工业物流资产	2019	美国	187	—	—
	丰树物流设施的投资组合	2019	日本	9.2	—	—
	从日本大和房屋工业公司收购日本四家物流设施	2020	日本	5.23	—	—
	广州国际机场富力综合物流园70%股权	2020	中国	11	—	—

资料来源：泽平宏观。

产业地产

2015年起，黑石逐渐改变其不动产投资组合的结构。住宅物业在组合中的占比从2015年的19%降至5%，酒店从23%降至7%，传统办公空间则从19%降至5%。相应地，近年来，从行业趋势来看，机构投资者对写字楼、酒店等传统不动产的偏好有所下降，对产业地产的偏好有所提升。黑石认为传统的办公室与商业地产的需求，会随着电子商务、远程办公的发达以及企业对办公场所的个性化需求的增加而下降，因此转而关注生化实验室、制片棚等具有专业用途的产业空间。如2020年，黑石斥资146亿美元，对美国最大的未上市生命科学物业所有者 BioMed Realty 进行了资本重组。12 月，黑石斥资 34.5 亿美元，从布鲁克菲尔德资产管理公司收购了马萨诸塞州的一系列生物化学实验室。黑石的这一改变投资组合结构的决定，也极大地降低了其在 2020 年新冠肺炎疫情中遭受的损失。

分策略看，黑石不动产基金分为三类投资策略

第一，黑石房地产机会基金（BREP）是黑石旗下封闭式股权投资基金，按目标区域可以细分为 BREP 全球基金、BREP 欧洲基金和 BREP 亚洲基金。其最早于 1991 年设立，是管理规模最大的不动产基金类型，投资于全球具增长潜力的高质量物流、租赁房屋、办公楼、酒店、零售等物业。共设立 19 只基金，其中有 6 只欧洲基金，2 只亚洲基金，7 只基金已获利退出，平均投资期 3.8 年，存续期超过 10 年；截至 2020 年末，承诺资产达到 1 287.3 亿美元，IRR 回报率达到 15%。

第二，黑石房地产债权投资基金（BREDS），于 2008 年成立，主要包含 3 个债权投资平台：以夹层贷款投资为主的封闭式私募地产基金（BREDS 系列），以商业抵押担保债券投资为主的定期可赎回基金（BRIEF/BSSF 系列），以及公开上市的商业地产抵押贷款 REITS 公司黑石抵押贷款信托（BXMT）。截至 2020 年底，该类基金募集承诺资产共 199.9 亿美元，IRR 为 10%。

第三，黑石核心增益型基金（Core+Real Estate Strategies），涵盖 2013 年推出的黑石财产合伙人计划（BPP）及 2017 年推出的非上市 REIT——黑石房地产收益信托（BREIT）。BPP 基金主

要针对北美、欧洲、亚洲等市场中成熟的不动产资产，不仅关注当期租赁收入，还注重资产的长期升值空间，追求稳定增长的投资回报；BREIT 主要投资于美国稳定市场中以收益为导向的商业地产，其次也投资房地产相关的证券等，两类基金均以永久资本作为主要的管理资金来源，无赎回期限，旧资本退出需以新资本进入为前提，保证运作资金规模稳定，IRR 均为 9%。

表5.3 黑石不动产基金投资策略

基金类别	基金数量（只）	最早推出时间（年）	资金投向	承诺资产（亿美元）	Net IRR
黑石房地产机会型基金	19	1991	投资于受全球经济和人口因素驱动，具备增长潜力的高质量物流、租赁房屋、办公楼、酒店、零售等物业	1 287.3	15%
黑石房地产债权投资基金	1	2008	主要投资于美国和欧洲的公开市场和私募信贷，为投资人提供包括夹层贷款、优先级贷款和流动性证券等投资方式，涵盖一只在纽交所上市的 REIT（BXMT）	199.9	10%
黑石核心增益型基金	2	2013	含 BPP 和非交易所交易 REIT（BREIT）。BPP 投向北美、欧洲和亚洲稳定、高质量的物业；BREIT 投向稳定收益的美国商业地产及房地产相关证券	—	9%

资料来源：公司财报，泽平宏观。

三、杰出的投后管理能力：资产重组、精细化运作，提升资产价值

黑石不动产基金持有运作物业资产普遍在 3 年左右，通过分拆出售、整合出售、改造运营后出售、资产证券化等方式修复并

提升物业资产价值。

分拆出售：闪电分拆出售 EOP，低价保留核心资产

分拆出售，当单个资产的市场价值高于整体价值时，统一购入物业资产包，择机拆分，降低风险和成本。成功的关键在于收购和出手时机的把握，以及对资产拆分方式的处理。

2006 年，黑石火速分拆出售 EOP 获益匪浅。EOP 在美国 17 个城市中持有 622 栋建筑，总面积约为 930 万平方米，是美国最大的商业不动产投资信托基金。经过近 4 个月"拉锯战"式磋商，黑石以 395 亿美元的高价打败竞争对手沃那多，而后仅用 5 天时间就从贝尔斯登、美国银行、高盛融到 295 亿美元收购资金完成交易。2007 年初美国写字楼价格仍持续上涨，但整个不动产市场回报率下行，黑石的交易杠杆率高达 90.38%，风险不言而喻。收购前黑石就密切联系有意购买者，使分拆出售得以闪电般开展，交易后 6 个月内，黑石通过 14 笔交易共分拆出售了 605 万平方米的二线城市资产，占比 65%，回款 295 亿美元；销售结束后，黑石 35 亿美元的投资增值为 70 亿美元，账面收益 35 亿美元；剩余投入仅 95 亿美元，黑石以低廉成本保留了西洛杉矶、旧金山海湾地区、波士顿、纽约等核心市场的黄金项目，总面积约为 33 万平方米。

整合出售：把分散的酒吧、物流地产打包整合出售

整合出售旨在提升资产的规模效应和协同效应，强调发挥并

购基金组织动员多轮并购、运营整合资产的能力，同时考察对行业竞争格局的判断。经典交易如下：一是2003年黑石收购英国Spirit酒吧集团，动用黑石欧洲地产基金将英国啤酒商BREWER Scottish & Newcastle旗下1 400家酒吧和客栈收入麾下，总计酒吧数量达到2 400间，成为英国最大的酒吧连锁集团。2006年Spirit的前东家将资产溢价购回，加上经营期间分拆出售小部分资产收益，3年间黑石获益超过10亿美元。二是2010年黑石成立IndCor，专注于投资整合美国各地仓库和经销中心的物业资产，在黑石全球地产基金的支持下开展了18次并购交易，至2014年底IndCor在美国本土拥有约1 090万平方米的可出租面积，被出售给新加坡主权基金（GIC），黑石在交易中获利超过20亿美元。三是2012年黑石成立欧洲物流地产投资管理平台LogiCor，至2017年整体出售前，LogiCor麾下物流地产规模总可出租面积从250万平方米迅速扩容到1 360万平方米，增长约4.4倍，重点布局在法国、德国和英国等地；同时运营状况不断改善，早在2015年LogiCor就完成了大部分物业的出租，推动租金增长了2.6%，使物业价值增长了12%。2017年，黑石以138亿美元将LogiCor整体出售给中投公司（CIC）。

改造出售：推动希尔顿全球特许经营，修复经营业绩

2007年6月，黑石以260亿美元通过杠杆交易私有化希尔顿酒店集团，金融危机接踵而至，黑石几乎损失了全部60亿美元的自有投资。行业低谷期，黑石开启了对希尔顿的"修复"。一是债务重组，为修复工作赢得时间窗口，2010年黑石采用债券回购、将债务转换为优先股等方式进行债务重组，使其账面债务由 200 亿美元降至 160 亿美元，同时黑石同意再注资 8 亿美元支撑业务发展。二是大力整顿希尔顿管理团队，削减成本，力邀克里斯多弗·纳塞塔（Christ Nassetta）担任希尔顿酒店集团的 CEO，将总部由加州迁往弗吉尼亚州，更换高层管理人员，大幅削减运营成本。三是在全球市场推动特许经营策略，特许经营是低成本拓展业务的绝佳模式，依靠特许人缴纳的加盟金、保证金、培训费及收益分成，希尔顿得以缓和流动性短缺，顺利渡过金融危机。2008—2009 年，希尔顿每年新授权 5 万家特许经营酒店，范围包括土耳其、意大利南部和亚洲地区，截至 2013 年底，希尔顿在全球共有 67.2 万个房间，超过 70% 通过特许经营权运营。2010 年后，经济回暖，希尔顿的经营和财务状况持续改善，2013 年 12 月希尔顿在纽交所上市，创下酒店类企业上市融资的最大规模纪录。直至 2018 年全部清仓完毕，黑石从希尔顿酒店集团的修复运营中获利超过 140 亿美元。

第三节　私募巨头的基因如何炼成

黑石管理的总资产规模由最初两位创始人合资投入的 40 万美元增长至 2020 年的 6 185 亿美元，复合增长率达到 52%，35 年间黑石集团不断超越前人和竞争者，卫冕"私募之王"。对外，精准洞察周期趋势，黑石壮大和超越的窗口期往往伴随着金融经济危机和行业低谷，凭借专业研究抄底优质资产。对内，黑石与化学银行等机构保持长期合作关系，通过银团贷款迅速获得条件优厚的杠杆收购资金，首创的新型合伙机制"分支机构"在保障黑石集团股权不被稀释的前提下留住核心人才，严谨科学的投资审核流程和亏损零容忍的风格使黑石基金行稳致远。具体来看：

一是对周期趋势的敏锐洞察。精准把控投资和退出的时机是黑石业绩表现卓越的重要因素，背后是对行业周期的专业研究判断以及强大的资金和市场资源组织能力。黑石的发展壮大多伴随着金融经济危机及行业周期拐点。20世纪80年代黑石成立时已是巨头林立，商业模式逐步成型，储贷危机给了黑石在业内立足的机会，德崇证券破产，原本杠杆收购的逻辑受到挑战，黑石成立酒店特许经营系统公司，试水另类资产管理业务，经济回暖后盈利飙升；对周期的把控使黑石在市场狂热的时候保持冷静，躲过了科网泡沫的冲击，甚至在通信行业周期顶部大赚一笔，缩小了与行业龙头KKR的差距；金融危机为黑石提供了在私募行业内冲顶的机遇，危机前闪电收购并分拆出售EOP成功逃顶，成为经典案例，危机后大幅折价抄底止赎屋；如今，在全球货币放水、对外贸易形势剧变、新冠肺炎疫情突发等背景下，黑石逐步看好亚洲市场的稳定增值，重仓日本、中国等经济消费发展向好的核心区商业与工业地产。把握经济周期对市场的影响，使黑石逐步超越竞争对手，获得稳健增长的投资收益。

二是建立长期伙伴关系。黑石与化学银行建立长期的合作伙伴关系，相互合作，相互成就。黑石不断刷新收购交易的规模和速度，背后得益于化学银行的产品创新和强大的资源组织能力。黑石与化学银行的合作追溯至黑石的首单杠杆收购项目，化学银行开创的银团贷款模式重新定义了银行借贷市场，使银行能够在承担有限风险的情况下参与到更大额和更高风险的借贷中，并通过与私募基金的合作使现代商业银行进入投资银行业务领域；而黑石与化学银行保持长期合作关系，不仅可以迅速获得收购所需的巨额杠杆资金顺利完成交易，而且能够获得更加优惠的融资条件和期限，建立稳固的资本结构，抵御经济周期的冲击。

三是特殊的人才激励机制。施瓦茨曼的经营理念是"每个雇员都能撬动高额资产，边际收益非常高"。人才是私募基金最重要的资产，2019年底黑石共有1 825名投资人，平均每人管理资产超过3亿美元。为保留和激励重要人才，黑石首创了新型合伙制，并命名为"分支机构"。黑石鼓励优秀的人才在其负责的领域成立新公司，并在50%的比例下对该公司投资持股，这种商业模式的优势在于：第一，黑石得以较低成本迅速开拓新的业务板块；第二，不必为保留核心优质人才而花费更多运营资金或是稀释黑石集团的控股权；第三，优秀人才得以掌控运营主体的大部分股权，经营业绩与才能和努力挂钩，更能激发潜力。这种安排促成了黑石集团两家最成功的下属公司的成立：约翰·施雷伯培育起来的房地产投资机构以及劳伦斯·芬克领导至今的贝莱德。

四是公司文化及投资理念。黑石将"问责制、卓越、诚信、团队合作、创业精神"作为公司最重要的原则，施瓦茨曼对于投资亏损零容忍的态度决定了黑石的投资风格十分谨慎，可能会导致它失去一些宝贵的投资机会，但也一次次地帮助它免于遭受重创。2002年詹姆斯加入黑石后启动了内部投资审核评定机制的改革，首先，成立投资委员会，由投委会对投资项目进行指示和批准，并分析控制投资风险，投委会对项目的盈亏负责。其次，合伙人必须在开始寻觅合适的投资目标时就提交提纲，使管理层评估潜在机会是否足够有吸引力来投入时间。再次，合伙人应当更加严格地分析交易风险,通过大量预测和情景分析判断投资最差和最好时基金的获利和亏损。最后,通过开展一系列内部研讨会和策略性审核以提高决策效率,防止由一人或少数人做决策,使每个合伙人都参与进来。严格科学的投前分析、迅速高效的审核机制、谨慎和亏损厌恶的投资风格,使黑石偏好成熟稳健的项目,而不去追赶公司本身不擅长的领域,这保证了管理资产的安全和稳定增值。

保险篇

第六章

巴菲特的伯克希尔:股神是怎样炼成的

巴菲特被誉为"股神"。这位九旬老者是价值投资的践行者，一言一行深刻地影响着全球投资动向。他很早就摸索出保险作为投融资渠道的特殊优势，将濒临倒闭的纺织厂改造为保险集团，成为当今世界顶级投资平台。本章试图全面揭示巴菲特和伯克希尔的传奇投资经历和运作手法，寻找伟大投资者的成功启示。

巴菲特于 1930 年出生在美国，师从格雷厄姆，25 岁成立了合伙人公司，代人理财，以一鸣惊人的业绩崭露头角。1968 年股市一路高歌猛进，巴菲特却选择急流勇退，躲过 20 世纪 70 年代初的市场危机。此后以自有资金为来源，以伯克希尔为主体，进行二级市场股票投资，1999 年伯克希尔涉足一级投资，参控股大量实体企业，经历数次经济危机和股市崩盘，持续跑赢标普 500 等指数，凭寥寥数人之力，以滚雪球的方式实现了巨大的财富积累。目前伯克希尔总资产已达 8 737.3 亿美元，旗下子公司涉及保险、铁路、能源、制造业、零售业等众多行业，2020 年位居世界 500 强第 14，成为世界顶级投资集团。

巴菲特的伯克希尔给出了一个"资产负债双轮驱动"的成功范本。在负债端，保险提供了充足且成本低廉的资金来源。伯克希尔专注财产和意外险，成本控制做到极致，积累了上千亿美元低成本浮存金，以保守的财务杠杆和充足的现金储备预防风险。在资产端，巴菲特坚守"护城河"与"安全边际"的价值投资理念，挑选好资产，看重护城河和管理层，找到好价格，从不进行恶意收购、资产整合和公司改造，减少了企业对资本的顾虑。伯克希尔的成功背后，搭上国运顺风车、成功的商业模式、出众的个人能力和品格缺一不可。[*]

---

[*] 本章作者：任泽平、曹志楠、李建国，实习生刘啸对数据更新有贡献。

第一节　从濒临破产的纺织厂到巨型投资集团

一、发展历程：从濒临破产的纺织厂到投资机器

初建期（1965—1968年）：初步构建投资平台。伯克希尔原为纺织公司，"二战"后因受廉价进口纺织品冲击而濒临破产。早年间，巴菲特师从格雷厄姆，信奉"烟蒂投资法"，不断以低价买进伯克希尔，并在1965年接手管理层。但纺织生意每况愈下，3年后巴菲特投身保险业，利用伯克希尔盈余资金收购了保险公司NICO和国民火灾及海事保险公司，正式开启了保险投资大本营。这一时期，伯克希尔净资产增长近1倍，而股价由1964年的19美元迅速增长至66美元。

成长期（1969—1998年）：发力保险，价值投资。20世纪70年代，巴菲特受费雪、芒格等人的影响，投资理念从"以低价买

入普通的公司"进化为"以合理价格买入伟大的公司",因此解散了巴菲特合伙人公司,将全部精力投入对伯克希尔的经营上。一方面,将伯克希尔彻底打造为保险平台。首先,巴菲特于1962年开始在二级市场买入盖可保险(GEICO)股票,1996年伯克希尔最终完成对盖可保险的收购。其次,1998年伯克希尔以220亿美元的大手笔收购通用再保险公司,成为再保险领域巨头。截至1999年,伯克希尔保费收入为143亿美元,在总营收中占比59%,成功转型为保险集团。另一方面,利用保险充裕的现金流践行价值投资,经典股票投资包括《华盛顿邮报》、大都会、可口可乐、富国银行、吉列等,收购案例包括喜诗糖果、《布法罗新闻报》、内布拉斯加家具大卖场、利捷航空等优质企业。1969—1998年的30年间,每股伯克希尔净资产增长987倍。至1998年年底,伯克希尔总资产达到1 222亿美元,每股股价由1969年的66美元增长至7万美元,巴菲特成为家喻户晓的"股神"。

　　成熟期(1999年至今):稳健经营,并购为王。20世纪末,伯克希尔资产规模超过1 300亿美元,如此巨大的体量难以单纯依靠股票投资持续盈利,故转向企业并购,先后发起伯灵顿北方圣达菲铁路、亨氏公司和精密机件公司等三大并购案,耗资940亿美元,触及重工业、能源、消费等多元行业。2008年全球金融危机期间,伯克希尔果断出手,注入高盛50亿美元,巩固投资帝国根基。2020年新冠肺炎疫情冲击下,美股四次熔断,伯克希尔组合一度下跌30%以上,但巴菲特顶住压力,果断清仓航空股,坚定持有他看好的其他股票。1999—2020年,伯克希尔净资产由574亿美元增至4 431.6亿美元,股价则由7万美元/股飙升至40.3万美元/股。

二、现状版图：巨型投资集团，净利润全球第三

伯克希尔资产规模庞大，盈利稳健，长期占据世界500强前15名。从规模上看，截至2020年，伯克希尔总资产达8 737.3亿美元，总负债达4 223.9亿美元，1995—2020年资产、负债年化增速分别为14.5%、15%。资产负债率常年维持在50%左右。从盈利上看，2020年伯克希尔营收2 455.1亿美元、利润425.2亿美元，净利率则为17.3%，1991—2020年营收和利润年化增速分别为15.7%与9.4%，净利润率长期维持在10%左右。世界500强排名中，伯克希尔从2012年的第24名到2018年的排名前10，净利润第3名，2020年排名第14名。

伯克希尔已经转型为产业投资集团。伯克希尔业务上分为保险承销、证券投资、铁路能源、制造业和服务零售等板块。一是保险承销业务涵盖车险、再保险等品种。二是证券投资板块是以金融资产计量的股票、债券组合，例如被巴菲特长期看好的可口可乐、富国银行等均在这个板块。需要说明的是，保险承销和证券投资均以保险公司为运营主体，在资产、负债、利润计量时无法分别统计。三是铁路的运营主体为伯灵顿北方圣达菲铁路（BNSF）。四是能源和公用事业由一系列能源电力企业组成。五是制造业覆盖工业品、房地产、消费品生产等。六是服务零售包括食品、家具、珠宝、汽车分销、飞机运输等业务（见图6.1）。铁路、能源、制造业、服务零售等多元产业均由伯克希尔收购的子公司开展，控股权基本在80%以上，已经不是单纯的股票投资，而是深度介入产业运营。截至2020年，伯克希尔直接或间接控制的公司超过500家。

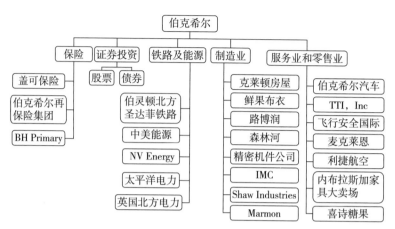

图6.1 伯克希尔主要业务及代表性子公司

资料来源：公司年报，泽平宏观。

保险板块贡献规模，实业投资贡献利润。一是从分部业务看，资产端保险占比仅一半。保险、制造业、铁路、能源与公用事业、服务与零售业总资产占比分别为50.71%、17.49%、12.29%、14.1%、5.42%。资金来源端以留存收益和浮存金为主。留存收益占比45%，是第一大资金来源，保险浮存金、有息负债、所得税负债占比分别为17%、14%、7%。二是收入和利润来源多元化。在营收贡献上，服务零售、制造业、保险分别贡献30.57%、24.08%、28.27%；在利润贡献上，制造业、保险、铁路分别贡献27.07%、25.09%、22.74%，营收和利润结构保持多元均衡状态。从点资产回报率看，近三年来，铁路、制造业、服务零售三大板块ROA较高，平均回报率达到5%以上，保险和能源公用事业回报率较低，平均在2%~4%（见表6.1）。

表6.1 2020年伯克希尔分部板块对比

业务	收入 金额（亿美元）	收入 占比（%）	税后利润 金额（亿美元）	税后利润 占比（%）	总资产 金额（亿美元）	总资产 占比（%）	总资产回报率 ROA（%）
保险	693.61	28.27	56.96	25.09	2 897.46	50.71	1.97
铁路	208.69	8.51	51.61	22.74	702.42	12.29	7.35
公用事业和能源	210.31	8.57	34.89	15.37	805.43	14.10	4.33
制造业	590.79	24.08	61.4367	27.07	999.12	17.49	6.15
服务与零售	750.18	30.57	22.08193	9.73	309.67	5.42	7.13
总计	2 453.58	100.00	226.978 63	100.00	5 714.1	100.00	3.97

资料来源：公司年报，泽平宏观。

第二节 三驾马车：保险、股票投资、产业并购

伯克希尔已经成为一家多元产业集团和金融投资集团，模式可概括为：利用上千亿美元低成本的保险浮存金，以合理价格投资具有护城河的公司，实现财富滚雪球式增长。

一、负债端：保险提供充足且成本低廉的杠杆资金

首先，不断收购保险公司，提高保费收入。巴菲特对保险公司情有独钟。1967年以来，巴菲特多次收购和整合保险机构，保费收入年均增速16%。目前伯克希尔有三大保险运营主体，分别

为盖可保险、伯克希尔再保险（BHRG）和伯克希尔基本险（BH Primary），分别涉足车险、再保险和特殊保险业务，共27家保险子公司。截至2020年，伯克希尔保费收入为634亿美元，位于全球保险行业前列。从各保险公司保费收入看，盖可保险是保费收入的主要贡献者，2020年盖可、BHRG和BH Primary保险收入占比分别为55%、30%、15%。

其次，稳健经营保险业务，专攻再保险和财险。

再保险业务方面，夯实资金实力。所谓再保险，即专门为保险公司转移风险，风险集中度更高，但也能获得更为可观的保费收入。伯克希尔做好再保险业务的秘诀如下：一是资金实力雄厚。伯克希尔再保险是全球第三大再保险公司，长期维持3A评级，可以承接巨灾再保险业务。"9·11"事件冲击下，其他保险公司评级普遍被下调，无力或不愿开拓新业务，伯克希尔旗下的通用再保险作为唯一一家3A级公司，敢于接单，奠定了市场领先地位。据2015年巴菲特《致股东的信》所称，历史上只有8笔单笔保费超过10亿美元的财险和意外险保单，全部由伯克希尔签下。二是善于开发非标准化保单，提高议价能力。再保险保单由于保额巨大、责任认定和风险分担流程复杂，伯克希尔善于逐笔定价。例如，旗下保险公司NICO开发了诸多与体育明星相关的意外险、伤残险，例如承保了拳王泰森的生命险，创下了保费不菲的保单。

财险业务方面，控制成本，提高口碑。美国被称为"车轮上的国家"，汽车普及率高，带动财险业务渗透率高。相比于寿险，财产险多为一年一缴、负债成本可控、现金流更稳定，因此更受巴菲特青睐。2013—2017年伯克希尔保险平均承保利润率高于美国财险行业整体水平，更大幅高于寿险行业。巴菲特为财险经营制定了清晰的战略，控制成本、不以"价格战"扩大市场份额。伯克希尔旗下盖可保险是美国最大的汽车保险公司之一，竞争优势在于极致的成本控制。一是聚焦政府雇员等低风险优质客户，驾驶汽车出险概率较低；二是打造强大的直销渠道，省去了传统保险的庞大代理人队伍和费用；三是凭借低价和口碑，提高市占率。盖可保险根据投保人的驾驶背景、教育程度、忠诚度等给予折扣，甚至可以分期付款，同时打出"15分钟节省15%"的广告语，高效与优惠口碑甚佳。盖可保险常年综合成本率维持在96%以下，市占率由2000年的4.7%增长至2018年的13.8%。

最后，保险业务稳健经营为伯克希尔源源不断地提供低成本浮存金。保险公司"先收后付"的模式使其可以预先收取保费并统一运作，日后出险时再赔付给投保人，这种模式让保险公司持有大笔资金，即"浮存金"，可以撬动投资并购杠杆。正是基于保险公司这种商业特质，保险浮存金成为股神巴菲特投资的弹药库。从规模来看，1967—2018年，伯克希尔管理的浮存金总额从6 700万美元增至1 227亿美元，在50年中年化增长率达16%（见图6.2）。2020年保险浮存金为1 380亿美元，在负债中占比32.7%，为第一大负债来源。从成本来看，浮存金相当于借投保人的钱，承保盈亏决定浮存金成本，承保亏损额即为融资成本。1991—2020年的29年中，伯克希尔合计实现承保利润145.76亿美元，承保利润率为1.9%，相当于巴菲特使用浮存金进行投资的平均成本为负，不仅没有成本，而且从投保人身上获得了"补贴"。

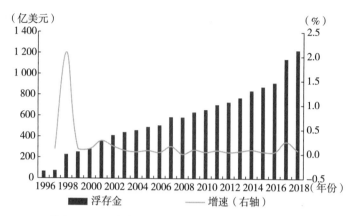

图6.2　2018年伯克希尔浮存金规模高达1 227亿美元

资料来源：《致股东的信》和公司年报，泽平宏观。

二、投资端：护城河 + 安全边际

护城河：偏好传统行业，重视护城河与管理层

巴菲特首提并践行了"护城河"理念。他将公司比作城堡，城堡的四周要有足够深的护城河，而且护城河中最好还有一群凶猛的鳄鱼或者食人鱼，让竞争者无法走进，形成一座坚不可摧的城堡。护城河可看作一种垄断资源，避免了过度的市场竞争，赋予了企业定价权，增厚了利润。

行业护城河：偏好具有垄断优势的传统行业

一是金融类股票一直是伯克希尔最重要的持仓。金融行业因牌照、监管等因素而能够长期保持稳定的竞争格局，持仓占比从1980年的31%稳步上升到2018年的46%，包括美国银行、富

国银行、美国运通、摩根大通、高盛、穆迪等。二是消费行业需求稳定，业务简单，一旦消费品成为人们的首选品牌，就会形成客户黏性，占据竞争主导权，比如可口可乐、吉列刀片、卡夫亨氏等快速重复消费品，即使他投资苹果公司，也是看重其电子消费属性。消费类股票持仓市值占比从1980年的17%缓慢下降到2018年的11%，但巴菲特仍然最爱消费行业。三是传媒类，早年间，巴菲特认为纸媒具有经营垄断性，有过《布法罗晚报》《华盛顿邮报》等著名投资案例。1977年买下的《布法罗晚报》，在巴菲特指导下提高市占率，1982年将竞争对手挤垮，此后成为"收费桥梁"。但随着电视、互联网的普及，传媒类股票持仓市值占比从1980年的19%大幅下降，2018年缩水至1%。四是对科技类较为谨慎，科技行业竞争格局经常因新技术的出现而颠覆，超出巴菲特的能力范围，因此曾长期被排除在投资范围之外。但2011年以来，巴菲特先后重仓投资了IBM和苹果，说明其投资理念仍在不断进化，但IBM的投资结果较为失败。目前科技行业仓位占比为26%。

公司护城河：倡导护城河理念，重视管理层

从定性来看，护城河包括企业品牌、产品特性、商业模式、特许权、低成本等。喜诗糖果、可口可乐、吉列刀片、鲜果布衣均是以品牌建立护城河；麦克莱恩、利捷航空以差异化的产品特性而建立护城河；大都会、好市多、苹果则通过特殊的商业模式建立护城河；富国银行、穆迪、美国银行依靠的是特许权；以低成本建立护城河更为普遍，包括内布拉斯加家具大卖场、波仙珠宝、盖可保险、克莱顿房屋等。

从定量上看，护城河具有以下特征：规模大，持续盈利，ROE 高且负债少，业务简单。我们选取伯克希尔曾经及目前投资的 53 只股票作为定量分析样本，其中 42 只是持有到 2019 年第二季度，11 只股票是巴菲特曾经持有并重点提及的，囊括了巴菲特历史上的著名投资案例。金融、可选消费、日常消费行业公司数量位列前三（见图 6.3）。

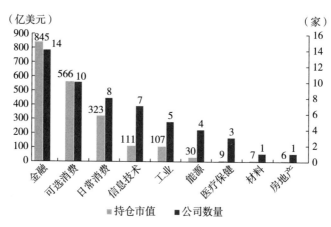

图 6.3　伯克希尔持股以金融、消费行业企业居多

注：数据截至 2019 年 6 月。
资料来源：SEC，泽平宏观。

从规模上看，偏好大型企业。一是总资产偏好 500 亿美元以上的企业。有 4 家公司总资产超过 1 万亿美元，29 家为 500 亿—10 000 亿美元，合计占比 66%。总资产规模最大的 5 家公司是摩根大通、美国银行、富国银行、高盛、美国合众银行，均为金融类企业，共持仓 637 亿美元，占其仓位高达 30%。二是营业收入偏好在 100 亿美元以上的企业。有 8 家公司总营收超过 1 000 亿美元，31 家为 100 亿—1 000 亿美元，合计占比 78%；总营收最高的 5 家公

司是苹果、亚马逊、通用汽车、好市多、飞利浦，以消费类企业为主，伯克希尔共持仓 549 亿美元，占其仓位的 26%。三是市值超千亿美元的有 15 家。伯克希尔持有公司的市值在 3 000 亿美元以上的有 7 家，1 000 亿—3 000 亿美元的有 8 家。总市值最高的 5 家公司是苹果、亚马逊、摩根大通、强生、维萨，伯克希尔共持仓 594 亿美元，占其仓位的 28%。四是旗下多达 11 家世界 500 强。伯克希尔旗下子公司有 11 家能够进入世界财富 500 强，包括精密机件公司、卡夫亨氏、伯灵顿北方圣达菲铁路、伯克希尔能源公司、IMC（以色列金属加工工具供应商）、路博润等。

从盈利上看，注重高净资产收益率（ROE）。绝大部分企业实现了正的净利润，2018 年净利润超过 100 亿美元的公司共 8 家，50 亿—100 亿美元的共 13 家，合计占比 42%。仅有 2 家净利润为负。净利润最高的 5 家公司分别是苹果、摩根大通、美国银行、富国银行、强生，占伯克希尔仓位的 49%。净利润率分布较为分散，2018 年净利润率在 30% 以上的公司共 9 家，0~10% 的 19 家，占比为 38%。ROE 集中分布在 10%~20%，2018 年 ROE 在 10%~20% 的公司共 15 家，占比为 30%。ROE 最高的 5 家公司分别是穆迪、UPS 快递、万事达卡、美国航空和苹果，伯克希尔共持仓 576 亿美元，占其仓位的 27%。

从稳健性上看，保持健康的负债水平和经营现金流。资产负债率为 50%~80% 的公司最多，共 23 家，占比 44%。绝大部分企业实现经营现金净流入。经营现金流为负的只有 1 家，100 亿—500 亿美元的共 15 家，占比为 30%。经营现金流最高的 5 家公司分别是苹果、美国银行、富国银行、亚马逊、强生，伯克希尔共持仓 972 亿美元，占其仓位的 46%。

从管理层方面来看，巴菲特要求管理人应优秀到可以放心地把女儿嫁给他的水平，具体应有三种品质：对股东负责、坦诚并独立思考。对股东负责主要指管理层应以所有者的角度进行资本分配，致力于提升股东价值，项目投资应超越平均回报率，否则就应该分红或者回购股票；坦诚指管理层应全面真实地反映公司财务状况，能够对股东开诚布公、承认错误，诚实地回应股东关切；独立思考指管理层应该避免惯性驱使或盲目跟从，敢于做出非常规的决策。巴菲特识人选人的能力较强，这成为大量投资案例中的关键因素，例如对波仙珠宝的收购，巴菲特没有对资产进行查账和会计查核，仅凭管理层的简单说明就签署了收购协议。

内在价值与安全边际

安全边际原则主要指买入价格应低于计算出的内在价值，并尽可能保持一定距离，以确保投资的相对安全性。正所谓"为一家经营经济状况很好的公司支付过高收购价格一定是一项糟糕的投资"。

购买价格：挖掘相对低估的股票

巴菲特在1998年曾说："对我们来说，最好的事情就是一家伟大的公司陷入暂时的困境。我们想在他们躺在手术台上时买入。"巴菲特善于结合两种方法寻找低估股票。一是绝对估值法。巴菲特自有一套计算内在价值的方法，即一家企业在其余下的寿命中可以产生的现金的折现值。1988年巴菲特首次购入可口可乐股票，股价被认为处于历史高位，相当于花了5倍于账面价值的钱收购13亿美元，但巴菲特坚信可口可乐的内在价值被低估了。经过30

年，可口可乐市值已经从150亿美元上升到2 000亿美元。二是相对估值法。我们梳理出44家巴菲特经常提及的投资标的，买入时平均市盈率为14倍，68%的股票市盈率小于15倍（见表6.2）。

表6.2 伯克希尔投资股票和并购企业时市盈率平均为14倍

标的（并购类）	买入年份	买入市盈率（倍）	标的（股票类）	买入年份（年）	买入市盈率（倍）
喜诗糖果	1972	12	《华盛顿邮报》	1973	10.9
《布法罗晚报》	1977	19	大都会/美国广播公司	1985	14.4
内布拉斯加家具大卖场	1983	11	所罗门	1987	—
斯科特吸尘器	1986	7.8	可口可乐	1988	14.5
波仙珠宝	1989	—	房地美	1988	8
德克斯特	1993	16	美国航空	1989	—
盖可保险	1996	11.3	吉列	1989	—
飞安国际	1996	13.5	富国银行	1990	5.3
冰雪皇后	1998	10	美国运通	1991	—
利捷航空	1998	17	穆迪	2000	19
通用再保险	1998	23	好市多	2000	22
中美能源	2000	13.5	中国石油	2003	5
Shaw Industries	2001	12.5	沃尔玛	2005	20
鲜果布衣	2002	—	美国合众银行	2006	13
麦克莱恩	2003	6.6	乐购	2006	14
克莱顿房屋	2003	15	康菲石油	2006	7
IMC	2006	20	比亚迪	2008	15
Marmon	2008	7.6	高盛	2008	—
伯灵顿北方圣达菲铁路	2009	21.6	美国银行	2011	—
路博润	2011	12.6	IBM	2011	13.5
金霸王	2016	—	卡夫亨氏	2013	21
精密机件公司	2016	21	苹果	2016	14

资料来源：巴菲特投资案例集，各公司年报，伯克希尔年报，泽平宏观。

珍惜自身股权价值，避免股权稀释

伯克希尔股票长期增值潜力巨大，过去 20 年增值 5 倍，因此增发股权比现金购买的机会成本更大。历史上伯克希尔主要以现金的方式进行并购，增发股权的次数及规模较少。1988 年巴菲特在收购通用再保险时发行了 27 万股伯克希尔股票，使流通股股份增长了 21.8%，他认为这是一件糟糕的投资，为这家公司支付了过高的收购价格。

践行长期策略，降低交易成本

一是从不分红，避免双重征税。分红将面临二次征税，因此伯克希尔从不分红。美国长期实施 35% 的企业所得税，1 美元利润征收所得税后变为 65 美分，全部作为红利派出后只剩下了 45—55 美分。二是永不卖出，避免资本利得税。只要证券不卖出变现，就可以无限期推迟缴纳资本利得税。因此伯克希尔均以长期持有为导向，持有《华盛顿邮报》达 40 年以上，持有可口可乐、美国运通、富国银行也达 20 年以上，尽管可口可乐股价在 1998 年后的十多年没有上涨，但巴菲特仍然没有卖出过（见表 6.3）。

并购投资上，注重声誉，为企业打造"永远的港湾"

20 世纪 80 年代，美国资本市场盛行垃圾债和恶意收购，很多公司被收购后负债剧增、经营恶化。伯克希尔注重声誉，不参与恶意收购，标榜为"可以永久停靠的首选港湾"，企业创始人把公司卖给伯克希尔，管理层的日常管理不受干预，原有人员和企业文化被保留下来，并能大幅增强其财务优势和增长潜力。这使很多想出售公司的创始人和家族都倾向于把公司卖给伯克希尔，如1995年伯克希尔在出价低于竞争对手2 500万美元的情况下仍成功收购了威利家具。

表6.3 伯克希尔践行长期持有策略

标的	持有年限	收益情况	标的	持有年限	收益情况
喜诗糖果	47	53倍（至2007年）	《华盛顿邮报》	41年	96倍
《布法罗晚报》	42	22倍（至1999年）	大都会	11年	7.2倍
内布拉斯加家具大卖场	36	1.5倍（至1993年）	所罗门	10年	2.4倍
斯科特吸尘器	33	3.1倍（至2000年）	可口可乐	31年	14.5倍
德克斯特	8	亏损	房地美	12年	9.5倍
盖可保险	23	6.6倍	美国航空	9年	1.2倍
通用再保险	21	亏损	吉列	13年	7倍
中美能源	19	3.8倍	富国银行	29年	9.6倍（至2000年）
麦克莱恩	16	3.6倍	美国运通	28年	11倍
克莱顿房屋	16	4倍	穆迪	19年	14倍
鲜果布衣	17	—	中国石油	4年	7.3倍
IMC	13	—	乐购	8年	-19%
Marmon	11	71%（至2015年）	比亚迪	11年	6.2倍
伯灵顿北方圣达菲铁路	10	87%	美国银行	8年	2.1倍
路博润	8	—	IBM	6年	-2.4%
金霸王	3	—	卡夫亨氏	6年	1.1倍
精密机件公司	3	—	苹果	3年	1.1倍

注：数据截至2019年。
资料来源：伯克希尔年报，巴菲特投资案例集，泽平宏观。

三、风险管理：稳杠杆

巴菲特利用保险浮存金为并购重组和股票投资提供弹药，既能获得低成本资金，又能获得高收益，但实际对操控者的资产负债匹配、风险收益匹配、流动性管理提出很高要求。

一是优化资产配置，现金储备高达上千亿美元。巴菲特注重流动性风险，伯克希尔持有1 350.1亿美元的美国国债和其他现金等价物，保险板块的投资组合中，现金类、固收类、贷款类、权益类资产配置比例分别为33%、6%、5%、57%。而同期美国财险和寿险行业均大量配置固收债券，配置比例分别为70%和56%，而现金配置比例均不足5%，股票配置则分别为24%和6%。高流动性资产为及时履行保险赔付责任奠定了基础，关键时刻足以应对流动性需求。

二是控制杠杆比例。以会计原则的规范标准看，伯克希尔保险净值高达60亿美元，位居全美第二；伯克希尔严控财务杠杆，2016—2018年平均杠杆倍数为2.06，低于同期美国财险3.07和寿险业14.6的杠杆倍数。

三是利润来源多元化，业务互补。伯克希尔在制造、服务和公用事业部门的多元化经营，产生了稳定净利润和现金流，支持保险业务发展。巴菲特曾表示"没有哪家公司能像伯克希尔这样，在财务上做好了应对一场2 500亿美元巨灾的准备。在这样一场灾害中，我们的损失可能在75亿—125亿美元，远低于我们非保险活动中的预计年利润"。2018年非保险业务贡献利润已经高达74%。

第三节　股神之道

巴菲特执掌下的伯克希尔，从濒临倒闭的纺织厂发展成世界顶级投资集团，搭上国运顺风车、成功的商业模式、出众的个人能力和品格缺一不可。巴菲特的崇拜者和模仿者源源不断，但至今尚未有人撼动伯克希尔在投资界的地位。

中国很多企业家尝试依托保险打造金融投资集团。例如平安从保险起家，跻身世界顶级保险公司；复星则从投资起步，嫁接保险模式，致力打造跨境投资平台；也有企业靠万能险吸收高成本保险负债，投向股票、地产等领域，因风险暴露和违法违规行为落得创始人锒铛入狱的下场。同样的模式为什么结果不同？

国运为势：伯克希尔的成功是美国经济繁荣的产物

"二战"后美国经济繁荣给伯克希尔带来了充分的发展空间。巴菲特坚定地看好美国发展前景，敢于在他人悲观恐惧的情况下出手，与优质企业共同成长，坐享美国经济发展。他多次阐述美国国运的作用，"用全部身家赌美国经济前景"，"伯克希尔的成功在很大程度上只是搭了美国经济的顺风车"。一是美国经济发展红利。"二战"后美国主导世界霸权，1980年里根供给侧改革，美国迎来长达20年的经济繁荣，巨大的经济体量为伯克希尔提供了广泛的并购和投资选择。受益于美国经济的长期繁荣和消费增长,伯克希尔旗下的500余家子公司每年贡献利润达100亿美元,是其企业并购回报稳健的重要因素。二是美国股市长牛。1980—2000年,美国资本市场迎来长牛,随着401k计划推出,共同基金和养老基金等大型机构入市,重仓股票的伯克希尔快速发展壮大。三是良好的资本市场环境。成熟的资本市场提供了对伯克希尔有利的市场生态,美国资本市场在长期的进化中形成了以价值投资为主流的生态,长期的优胜劣汰抑制了投机风气。

模式为道:"保险+投资"模式一定能成功吗

很多人不看好企业多元化扩张,认为效率低下、整合难度高。但伯克希尔的综合业务模式为什么能成功呢?巴菲特提到过,"如果你能明智地采用综合业务模式,那么它将是一种可以让资本长期且最大化增值的理想模式"。

伯克希尔建立保险帝国,在获取浮存金的同时,没有盲目扩张,强调低成本甚至负成本吸收保险资金,严防偿付和流动性风险;其投资逻辑以企业内在价值为核心,对垃圾资产避而远之,对产业整合不感兴趣。伯克希尔在并购中重点关注企业的品牌、产品特性、商业模式、经营历史、负债情况、管理层和价格,确保企业在现有情况下能实现稳健的股权回报,对资产整合和改造并不热衷,因此伯克希尔各子公司之间虽然在业务上并无整合和关联,但绝大部分能够延续业绩的稳健,贡献大量利润和现金流,因此伯克希尔成为庞大的多元化工业集团。

伯克希尔是综合模式和多元业务集群成功运作的典范。多元业务给伯克希尔带来了巨大而持久的优势:一是独一无二的企业集群,大部分都有很好的前景;二是杰出的经理人团队;三是多元的利润构成、雄厚的财务实力、充裕的流动性;四是成为许多公司所有者和管理者的首选卖方;五是50年时间精心打造了坚如磐石的企业文化。反过来,像伯克希尔这样的综合型企业集团,有利于资本的最优配置以及最大化地降低资本分配的摩擦成本。伯克希尔可以在不同子公司之间进行资本重新配置、资金调拨或投资新生意,所有这些都是免税、零摩擦成本的。

能力为术:投资家精神,看淡金钱,看重声誉

巴菲特作为一代价值投资大师,看淡金钱,看重声誉,对价值投资的坚守和对声誉的爱惜将伯克希尔引上坦途。

巴菲特于1930年出生在美国中部的一个富裕家庭,父亲为股票经纪人,曾担任国会议员。但大萧条让巴菲特一家陷入拮据,也让巴菲特从小埋下对财富的渴望。大学毕业后,巴菲特在读《聪明的投资者》一书后被格雷厄姆折服,随后前往哥伦比亚大学成为格雷厄姆的学生。作为"现代证券分析之父",格雷厄姆提出了内在价值概念和安全边际原则,在投资界享有盛誉。巴菲特不仅全面学习了格雷厄姆的证券分析理论,还曾跟随格雷厄姆从事股票投资工作,25岁时成立了合伙人公司,随后以一鸣惊人的业绩在投资界崭露头角。1968年,股市一路高歌,但巴菲特发现已经没有便宜资产时,清算了巴菲特合伙人公司。此后以伯克希尔为主体开始另一段传奇投资经历。

巴菲特曾说:"有两样东西,是钱买不来的:时间和爱……我这一生,非常非常幸运,因为我拥有极大的自由,自己的时间能

完全由自己掌控。查理（此处指查理·芒格）和我一样，也始终特别看重时间。正因为看重掌控自己时间的自由，我们努力追求金钱。有了钱，我们基本上可以按自己的意愿去生活。"

实际上，20世纪60年代末美国公司也热衷于"频繁并购、炒概念、再圈钱"的套路。巴菲特对此嗤之以鼻，"我们从不投资那些热衷于发行新股的公司"，认为其通常代表着推销驱动型的管理层、不健康的会计处理、高估的股票价格以及不诚实的公司文化。

良好的声誉也是伯克希尔企业并购较为成功的原因。其宣传并执行"给并购企业一个永远的家"的企业文化，从不进行恶意收购，在20世纪80年代的垃圾债和杠杆收购热潮中独树一帜，赢得了美国商业、金融界的普遍认可和尊重，这种长期声誉使伯克希尔在大量的企业并购中阻力减少，并且并购价格在一定情况下得以降低。

第七章

平安:如何成为世界级综合金融集团

平安保险，这个诞生在深圳蛇口的企业，在改革开放大潮下，敢为天下先，成为中国大陆最早一批现代保险公司；高瞻远瞩地布局金融全牌照，成为家喻户晓的金融品牌，跻身世界500强前列；经历大风大浪，仍具创新活力，大刀阔斧地改革，布局金融科技……本章重点解析平安这家世界级综合金融集团是如何成就的。

平安从深耕保险到金融控股，再到金融科技，步步为营，构建起大而全的平安生态。经过多年发展，平安已经成为体量庞大、经营稳健、业务多元的龙头企业。在2020年世界500强中排名第21位。

从地方性保险公司到世界综合金融集团，平安走的是大而全的综合金融集团发展之路。纵向，平安深耕保险。一是产品上，力推高保障、高黏性的长期保障型产品；二是渠道上，平安最早将代理人制度在中国内地发展壮大，如今又大刀阔斧地改革，以提升代理人质量；三是客户上，瞄准个人客户这一庞大市场。横向，平安拓展多元金融、科技和生态延展，形成强大的业务协同和交叉销售，层层赋能。

平安稳中求胜三十余年，是先发优势、规模优势，以及创新、开放、执行等企业基因共同作用的结果。但发展之路并非总是坦途，近年来平安面临行业增长乏力和投资端踩雷的困境，期待破而后立、破茧而生。[*]

---

[*] 本章作者：任泽平、曹志楠，实习生刘啸对数据更新有贡献。

第一节　保险巨子如何炼成

一、稳健发展 30 年

专注保险（1988—2002 年）。20 世纪 80 年代，我国保险业恢复发展之际，在招商局工作的马明哲负责社会保险工作。他敏锐捕捉到商业保险的巨大商机，1988 年在深圳蛇口创立平安保险。成立之初，平安保险由工商银行和招商局出资，主营财产险，1994 年开设寿险业务并拓展到全国。平安的出现，打破了国有保险一家垄断的局面，开创了诸多制度先河，例如大规模学习友邦的寿险代理人制度，首次引入外资入股，首创员工集体持股的金融企业……但早期平安的发展并非一帆风顺。1995—1999 年，经济过热，利率维持高位，1 年期存款利率甚至高达 10%，平安也销售了一批成本高昂的保单，负债成本激增，日后多年才得以慢慢消化。

综合金融（2003—2011年）。20世纪90年代以来，平安进军寿险、信托、证券领域，但国家要求实施分业经营。平安坚信应该走综合金融发展之路，直到2003年终获国务院批准，平安正式开启了高速扩张之路。2004年平安开展养老险、健康险、保险资管业务；2007年在A股上市；2011年控股深圳发展银行，统一整合为平安银行，至此形成保险、银行、资管三驾马车并进的格局。不过，在次贷危机中，平安投资的富通缩水90%以上，这笔失败的投资也让平安懂得更加谨慎经营，理性制订扩张战略。

科技赋能（2012—2017年）。2012年以来，面对互联网金融竞争，平安确立了"金融＋科技"的发展战略，陆续推出陆金所、金融壹账通、平安好医生及平安医保科技等。2016年，平安进一步定位于"金融＋生态"，聚焦金融科技与医疗科技两大领域，重点布局智能认知、人工智能、区块链、云等核心技术，发力金融服务、医疗健康、汽车服务、智慧城市等生态圈。

破而后立（2018年至今）。在金融供给侧改革背景下，保险行业普遍面临保费增速乏力、代理人数量下降等困境。在投资端，平安也面临项目踩雷、资产减值等挑战。平安于2018年在业内率先提出寿险改革，从数量扩张到质量提升，2019年11月全面深入推进改革，以渠道变革、产品升级、数字化为抓手，力争建立高质量代理人队伍。任何转型和改革均非易事，经受阵痛后方能破而后立。

二、业务版图

总体来看，平安体量庞大、经营稳健。一是平安体量庞大。

2003—2020年，平安集团总资产从1 800亿元增至9.53万亿元，年均复合增速达27%。截至2021年上半年，平安总资产9.5万亿元，总负债8.5万亿元，资产负债率89.6%。以1.21万亿元市值跻身A股前5名，在2020年世界500强中排名第21位，拥有超过36万名员工和2.18亿个人客户。二是平安常年保持稳定盈利。2003—2020年平安集团营业收入从701亿元增至12 183.2亿元，年均增长18%，净利润从21亿元增至1 593.6亿元，增速29%，净利润率从3%稳步增至15%，除受次贷危机、新冠肺炎疫情和投资富通时间段的影响，其他年份净利润波动不大。平安人寿和产险保费分别为5 115.3亿元和2 863.5亿元，市占率在20%以上，居行业第二。

从业务板块来看，平安集团较早确立了保险、银行、资管三驾马车的综合金融发展模式，旗下金融类公司30多家，牌照约16种，核心业务仍是保险。一是保险业务是收入与利润的第一大来源。经营主体包括平安寿险、平安财险、平安健康、平安养老、香港保险等，截至2020年底，资产和负债占比约42%，但保险贡献营业收入占比高达83%，净利润占比为71%。二是银行业务是资产与负债的扩张基础。该项业务由平安银行经营，截至2020年底银行业务贡献了47%的资产份额和48%的负债份额，但盈利贡献度逐年缩小，从2014年的41%缩水至2020年的18%。三是资产管理业务表内贡献不大。资管业务属于轻资产，包括信托、证券、基金等投资平台，资产与负债贡献约为11%，收入和利润贡献为6%和8%，虽然体现在报表上贡献不大，但汇聚了庞大的表外资源，截至2020年12月31日，平安信托和平安资管的资产管理规模分别为2 608亿元和3.63万亿元。四是科技业务有望成为业务增长点。平安科技业务的资产规模仅占 2%，但贡献收入和利润分别占比 3% 和 6%。2020 年科技业务总收入 904 亿元，占比显著提升（见图 7.1）。

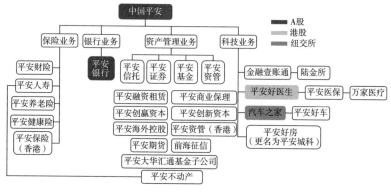

图 7.1　平安架构

资料来源：公司官网，公司年报，泽平宏观。

第二节　金融为本、科技为术、生态为道

从纵向看，平安立足"产品、渠道、客户、管理"保险基本盘（见图 7.2），纵深发展，打牢金融服务地基品牌；从横向上看，综合金融、金融科技、生态场景层层外拓，扩展业务范围，实现最大化协调效应。

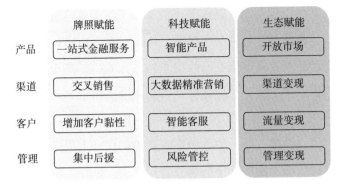

图 7.2 平安发展矩阵

资料来源：泽平宏观。

一、保险服务

平安深耕保险业，紧紧抓住产品结构优化、高质量渠道、聚焦客户需求、完善经营管理四大维度。

第一，在产品方面，优化产品结构，加大长期保障型产品供给。一是产品以保障型为主，结构均衡合理。早在2004年，平安调整寿险业务发展思路，不以保费收入的市场份额为导向，而是以提高公司的盈利能力和内含价值为目标，大力发展盈利能力强、期缴比例高的个人寿险产品。从保费来看，代表保障型业务的原保费收入占比不断提高，从2013年的66%增长至2020年的83%，增长了17个百分点，万能险收入占比则从2013年的33%下降到2020年的17%。从险种来看，分红险、传统险、万能险各占36%、16%、17%，险种较为均衡，能够对冲监管政策或市场需求对各类型险种的影响，保证经营稳健性。二是平安主推长期保障产品，量价齐高。新业务价值是寿险公司当年新业务在整个生命周期的折现利润，新业务价值率等于新业务价值除以首年保费，其越高则意味着利润率越高。从量上看，2015—2020年长期保障型产品新业务价值在寿险中平均占比66%，高于其他产品占比；从价值率上看，长期保障型产品新业务价值率不断提升，从2016年的83.2%增至2020年的97%，明显优于储蓄型产品。

第二，渠道方面，注重培育高质量的代理人渠道。平安作为最早引进代理人制度的中资保险公司之一，依靠人海战术占领市场，代理人规模从2005年的20万人增长至最高值2018年的140万人，年均增速16%。平安在2003—2004年渠道结构转型，主动收缩低价值率的银保趸交业务，降低银保渠道占比。2020年，平安代理人、银保、电销及互联网渠道分别占比82%、3.7%、9.9%。但近年来，保险行业人海扩张乏力，平安在业内率先提出寿险改革，从数量扩张到质量提升，目标在2—3年内引入高质量代理人队伍，2020年疫情因素叠加渠道改革阵痛，平安代理人数量缩减至105万人，也导致新业务价值下降。

第三，客户方面，聚焦个人客户价值。2012年平安提出全面聚焦个人客户价值战略，客户规模快速增长。集团个人客户数量从2013年的7 903万增至2020年中的2.18亿。客均产能稳步提高，客均利润从2014年的275.77元增至2020年的563.00元，客均单数从1.93个升至2.76个。在业务价值上，个人业务价值快速提升（见图7.3）。2014—2020年，个人业务营运利润从392.79亿元增至1 229.77亿元，归母营业利润占比88.2%，可见个人业务成为平安价值强劲增长的内生动力。

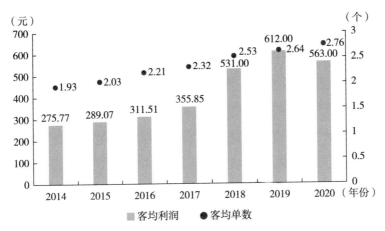

图 7.3 客均利润和客均单数稳步提高

资料来源：公司年报，泽平宏观。

第四，在管理方面进行集中管理，降低运营和风控成本。平安体量庞大、分支众多，但依然能保持各项业务高效协同、集团整体快速发展，离不开背后合理的管控模式、高效的运营流程和审慎的投资管理。管控模式实行"集团控股，分业经营，分业监管，整体上市"，集团不经营任何具体业务，仅对各金融子公司高比例控股，行使监督职责。各级子公司以独立法人的身份经营不同金融业务，分别接受其业务对应监管部门的监管，彼此之间设有严格的防火墙。运营流程实现集中管理，降低运营成本。平安投资数十亿元建成的全国后援中心于2006年投入使用。平安旗下的寿险公司、产险公司、银行、证券及资产管理等的信息录入、财务、核保、理赔等后援工作将全部整合到该中心，实现流水线作业，达到资源的共享、专业化分工和最大的规模效应。

二、牌照赋能：打造全金控平台

平安是拥有全业务牌照的金融集团，据不完全统计，旗下泛金融公司 30 余家，牌照约 16 种。保险牌照旗下公司有 6 家，包括产险、寿险、香港保险等多条支线；银行牌照下仅平安银行，资管业务品类丰富，集证券、信托、资产管理、基金于一体。此外还涉及租赁、征信、小贷、支付等牌照，填充金融产品版图，丰富的投资形态满足了不同层次客户的投资需求，展示出强大的竞争力和对风险的抵御能力。

表 7.1 平安金融版图

牌照类别	机构	数量
保险类	平安人寿、平安财险、平安养老、平安健康、平安保险（香港）、众安保险（参股）	6
银行类	平安银行	1
信托	平安信托	1
证券类	平安证券、平安证券（香港）、平安财智	3
资管	平安资产管理、平安资产管理（香港）、平安海外控股	3
期货	平安期货	1
公募基金	平安基金、平安大华汇通财富管理	2
租赁	平安融资租赁	1
征信	前海征信公司	1
支付	平安付	1
保理	平安商业保理	1
小贷	金安小贷、普惠小贷	2
私募	平安创新资本、平安创赢资本、平安资本、平安磐海资本	4
财富管理	陆金所	1
担保	普惠担保、深圳平安投资担保	2
交易所	前海交易所、重金所	2
合计 16 种泛金融牌照、32 家泛金融机构		

资料来源：公司年报，企查查，泽平宏观。

平安的综合金融不是简单地堆积牌照或关联交易，而是聚焦业务层面"一个客户、多个产品、一站式服务"，寻求最大化协同发展机会，真正形成综合金融的市场竞争力。

首先，产品协同，多元化产品，一站式服务。平安以统一的品牌为客户提供多元化金融服务，应用场景包括销售保险、推销信用卡、企业年金管理、信托财富管理、证券开户、银行存贷款等业务。例如保险与银行合作推出"保证保险＋银行贷款"服务，对于没有合格抵押品的个人及小微企业，平安产险审核客户资料，并做信用担保，帮助他们获取无抵押贷款。此外，保险产品附加理财属性、健康医疗等服务，或银行理财产品附加保险等，均可提升产品关联度和附加值。

其次，渠道协同，深挖交叉销售价值。无处不在的代理人成为平安内部各产品和服务共享的渠道资源，客户通过代理人购买了一份平安的保险，代理人还会为客户推介车险、信用卡等。以保险业务为例，通过代理人渠道带动平安产险新增保费数额从2009年的56.35亿元增长至2020年的459亿元，年均增长21%，占产险收入比重维持在14%~16%。

最后，客户协同，增加客户黏性。随着平安综合金融战略的深化，客户交叉渗透程度不断提高。2015—2020年，集团个人客户中持有多家子公司的合同的客户数量从2 078万人增至8 308万人，在整体客户中的占比从19%提升19个百分点至38%。随着客户拥有越来越多的平安产品，客户潜在的转移成本不断提高，黏性也越来越强。

三、科技赋能，数字化转型

2008年平安开始探索科技业务，2012年尝试移动展业销售模式（MIT），实现了现代科技和保险销售相结合，近10年来平安累计投入科研经费500亿元，创立了10多家科技公司、25个科技研发实验室和六大科技创新研究院，拥有24 000多名研发人员。平安表示，未来10年，将投入1 000亿元用于科研，以巩固平安在金融服务行业的领导地位。四项核心技术对接四大模块。平安将利用"智能认知、人工智能、区块链、云"四大核心技术，对现有金融产品、渠道、服务和运营模式进行深刻变革，降本增效，强化风控，优化体验，提升核心金融业务竞争力。

第一，产品创新。在保险方面，通过智能保险定制服务，投保人只需回答系统提示的问题，就可获得系统生成的保险配置方案，涵盖了保险产品、产品保额、保险年限、年缴保费等相关内容。在投资方面，平安银行推出了"平安智投"，运用大数据技术和人工智能算法，选取BL（布莱克-利特曼模型）和量化资产配置方法，根据客户的风险偏好制定个性化投资方案。在医疗方面，平安好医生重点打造"AI医生"，自主研发的智能辅助诊疗系统，集合数亿条在线诊疗及健康咨询数据，可用于在线医疗的预诊分诊、问诊环节，将推出"智能家庭医生"。

第二，渠道升级。平安将AI技术应用到代理人渠道维护和升级上。在甄选面试中，平安人寿的AI技术对13个月留存人员的识别率达95%，为该公司节约了财务成本约6.3亿元。在培训场景中，通过人工智能AskBob，打造了百万量级的培训素材库，覆盖用户超80万人，已成为代理人终身学习、再教育的智慧培训平台。在队伍管理中，AI 助理实现了智能任务配置和在线销售协助，解决了代理人实时管理难的痛点。在销售促进方面，平安 SAT 系统将社交因素注入应用程序（APP），筛选出高质量线索，帮助代理人实现实时连接、高频互动和精准营销。平安寿险全年累计服务客户超 2.2 亿人次，其中通过线上渠道办理的保全、理赔、服务咨询等业务占比近 99%。

第三，客户经营。大数据挖掘海量客户资源，精准定位高端客户需求。平安大数据对客户进行 360 度画像，挖掘客户的年龄、收入、行为等因素，再通过丰富的产品、服务传导至不同的客户，提高了客户群的忠诚度，并带来了高黏性。例如，2020 年平安年报显示中产及以上客户近 1.6 亿人，占比为 76%，并进一步发现财富等级越高、年资越高的客户倾向于拥有越多合同数，高净值客户人均合同数约 14 个，5 年资及以上客户平均拥有 3.2 个合同，由此指导营销策略偏向开发高端客户及老客户的新需求。

第四，管理与风控。智能认知降低投保保费流失。智能认证极速承保，通过人脸识别和声纹认证技术为客户建立档案，把投保时间从平均 15 小时缩短到 30 分钟，退保率降低到 1%，降低保费流失。智能认知极大地提高了理赔效率，传统车险理赔涉及查勘、定损、核赔、复堪、收单等流程，单个案件平均产生 5.18 个人工作业流程，需要与客户反复沟通 8 次左右。智能理赔模式下，客户只要上传拍摄需定损的车辆损失照片，系统就能快速高效地自动判断识别车辆损失部位、损失配件及损失程度，从而自动带出定损项目。目前已在 334 个地市级以上城市的中心区分批试点，10 分钟内案件处理率为 93%。人工智能节省了运营人力，AI 客服覆盖客户服务 90% 的环节，智能客服问题解决率高达95%。大数据和区块链广泛应用于风控,平安银行信用卡中心已累计对超过8亿笔金融交易进行实时风险决策,直接和间接为用户减少了约6 500万元的经济损失,最大限度地维护了用户的权益。

第五,金融科技成果有目共睹。一是技术成果丰硕,平安加强核心技术研究和自主知识产权掌控,已掌握智能认知、人工智能、区块链、云四大核心技术,截至2020年底科技专利申请数累计达31 412项,较年初增加10 029项。二是收益变现。平安的金融科技和医疗科技业务连续5年实现盈利,2020年盈利约95亿元,在集团利润中占比达6%(见图7.4)。三是成功孵化大型企业。如陆金所控股、平安好医生等一系列金融科技和医疗科技平台,且已对外输出核心技术服务。

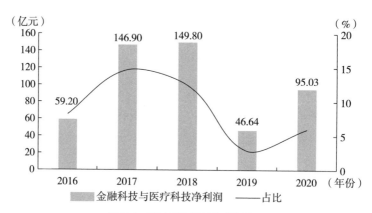

图7.4 科技板块贡献净利润情况

资料来源:公司年报,泽平宏观。

四、生态赋能

平安的"金融+生态"是一个不断赋能和尝试的过程

平安生态战略结合自身主业需要拓展生态范围，遵从四阶段、五原则。四阶段是指生态从无到有、从小到大的孵化规律，一建平台，二聚流量，三提收入，四重盈利。五原则是筛选原则：一是流量入口，要和消费者刚需紧密相连；二是规模足够大；三是门槛要高，具备技术含量；四是能转化价值，独立估值或收益变现；五是可复制到其他区域甚至海外。2018年平安选择进入金融、医疗、汽车、房产、智慧城市五大生态圈，当时预估潜在市场规模达550万亿元，其中金融生态和医疗健康生态圈占比较高。经过不断尝试和突破，金融、医疗、汽车生态发展初见成效。

第一，金融生态圈：金融科技先行者。平安金融生态圈与传统金融业不同，注重发挥金融科技优势，已经落地了陆金所控股、金融壹账通、壹钱包等平台。陆金所是核心企业，定位于C端（消费者市场）客户线上投资理财平台；金融壹账通基于B端（企业市场）企业实际应用场景而提供"一站式低成本解决方案"；壹钱包获支付牌照，是国内第三大支付公司。2020年核心金融公司APP用户量已达4.07亿人。

第二，医疗健康生态圈：打造"健康管理—疾病咨询—线下诊疗—费用支付"产业链。首先，在需求端，平安好医生定位为线上O2O（线上到线下）移动健康医疗服务平台，从健康管理入手，通过高频次、低收益健康业务带动低频次、高收益的医疗业务，集合了5 000多名医生资源，打通分诊转诊、线下首诊及复诊随访服务，变现模式包括内容消费、医疗服务收费、医药电商等，截至 2019 年中期，注册用户 2.89 亿人，累计咨询量超 5.26 亿人次，目前尚未实现盈利。其次，在供给端，万家医疗依靠线上流量资源，打造诊所运营及认证标准，已吸引线下 6.3 万家诊所入驻。最后，在支付端，平安医保科技协助政府、保险公司管好资金，降低医疗开支浪费，旗下的城市一账通 APP 实现了社保账户缴费、支付、提取一条龙服务，已在 200 多个城市上线，例如平安携手上海市卫健委推出"新商保"平台，实现了"医保＋商保＋自费"的一键支付功能。反哺保险，例如，平安重疾险附加"就医 360"服务，利用丰富的线上线下资源，引流客户购买保险。平安一手管健康，一手管钱，构建出一个贯穿用户就医前后、涵盖政府、医院、医生、药店、保险各方主体的健康产业链。在平安超 2.18 亿名金融客户中，有近 61% 的客户同时使用了医疗健康生态圈提供的服务，客均 AUM 达 3.91 万元。

第三，汽车生态圈：汽车与金融深度结合，做到看车、买车、用车、卖车一站式服务。看车方面，汽车之家为核心平台。其定位为汽车互联网服务平台，2013 年在美国纽交所上市，2017 年被平安收购，提供车媒体、车电商、车金融、车生活等全方位的车服务，聚集了 4 211 万名日活用户，并实现盈利，其开发的 AR（增强现实）网上车展、VR（虚拟现实）看车最大化契合看车需求。在买车方面，平安银行、平安融资租赁开发了汽车金融需求。平安银行通过汽车之家的入口，转化消费者办理车主信用卡，截至 2018 年中期，车主信用卡发卡量近 2 000 万张，平安融资租赁通过"以租代购"的创新模式开拓市场，2017 年在汽车租赁业务中投放 70 亿元。在用车养车方面，平安产险拓展车险业务。车主通过车险服务成为平安的保险客户，旗下平安好车主 APP 与上万家 4S 店、修理厂、保养连锁店深度合作，提供车保养、车保险等用车服务。卖车方面，汽车之家向天天拍车战略投资 1 亿美元，实现了二手车闭环交易。

成效：客户＋协同＋开放＋管理

第一，客户：拓展海量互联网用户。看似几大生态互不相关，但都切入了金融服务需求，为核心金融业务导流。互联网是生态的流量入口，围绕流量宝库，平安将流量资源一步步变现。第一步，吸引进入平安生态圈，成为平安用户。平安抓住流量优势，互联网用户量从 2014 年的 1.37 亿增至 2020 年的近 6 亿，客户资源源源不断（见图 7.5）。第二步，加大从用户到客户的转化力度。2019 年上半年新增 2 009 万名客户中，有 680 万名来自集团生态圈的互联网用户，在新增客户中占比 33.8%。

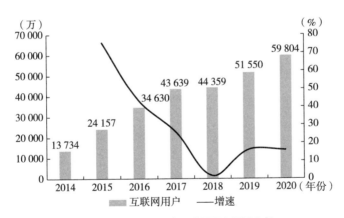

图 7.5　2020 年平安互联网用户量近 6 亿

资料来源：公司年报，泽平宏观。

第二，协同：生态圈内定位清晰，协同作战。金融、汽车、医疗生态圈内均培育出核心企业，具备清晰的商业模式，为估值和分拆做准备，但场景中与平安其他板块要有较强的协同效应，例如，汽车生态中，集合了平安产险的车险服务、平安银行的车主信用卡以及平安租赁的汽车金融等，实现了汽车服务生态圈和金融服务生态圈的融合。

第三，开放：向行业开放平安资源，但自主掌握技术、标准和数据。例如，医疗生态中，平安好医生、万家医疗定位平台，将平安的资源、技术、客户向医院、医生、诊所开放，形成共赢生态，但在此过程中，平安收集海量健康医疗数据，打造诊所运营及认证标准，稀缺资源和优势地位将进一步巩固。

第四，管理：激励与容错并举。平安采用"赛马制"、优胜劣汰的考核机制，把选择权交给市场和消费者，发挥项目和团队的潜力，也有能力承受试错。例如平安房地产生态圈的建立就经历了电商模式、首付贷模式等，一波三折。

第三节　保险巨子基因：创新、开放、执行力

平安稳中求胜的 30 年是内外多重因素叠加的结果。外部优势包括作为第一批现代保险公司的先发优势，以及获批综合金融牌照的历史机遇。内部优势包括创新、开放、执行力三大基因。内外部优势合力赋予其强大的竞争能力、稳健的运营能力和长远的发展前景。

第一，创新基因：保持前瞻性思维，居安思危，自我革新。市场瞬息万变、行业周期轮动、技术快速更迭，成为驱动平安保持前瞻思维、自我革新的强大动力。早期平安还是市场上名不见经传的地方性保险公司时，面临国企、外企市场份额争夺战，正是靠产品创新、渠道创新才打下根基。如今，平安已经发展成保险和金融行业龙头，在新一轮技术革命浪潮中，AI、云技术、大数据、区块链等技术迅猛发展，将重塑包括金融在内的各行各业，如果墨守成规、安于现状、错失先机，传统行业的经营模式将被颠覆，马明哲曾谈道，"未来最大的竞争对手不是其他传统金融企业，而是阿里巴巴、腾讯等现代科技互联网企业"，平安"金融+科技"战略转型就此定调。

第二，开放基因：集团作战，行业输出。传统金融行业每个企业单打独斗，自建产品、渠道、客户、管理等业务流程，这种模式对中小金融机构来说，没有足够的技术力量或资金。平安本身就是综合金融体，深谙各子行业需求，同时作为金融科技公司，自身具备开发核心技术和模块的能力。基于经验优势和技术优势，平安没有故步自封，而是选择开发市场，向其他金融机构提供包括产品、渠道、客户、管理的模块化输出，服务于其他的中小金融机构、企业和政府，驱动行业共同发展。

第三，执行力基因：自由竞争，优胜劣汰。平安鼓励集团内部竞争，激发团队潜能，包容失败项目。各大生态圈的搭建就是边试错边前行的过程。比如，平安好车开拓二手车市场遇冷，之后并入平安车险的"好车主"生态链条。平安好房起初定位于房地产天猫，并上线首付贷等产品，但受到商业模式和监管政策影响，目前调整了战略定位，转型科技云公司。这种"赛马制"鼓励在同类业务板块进行各自的探索和尝试，以结果论英雄，采取优胜劣汰的考核机制，最后胜出的子公司、项目团队即掌握主动权与话语权。

第八章

泰康：从保险到医养的成功突围

如果说平安走的是大而全的综合经营发展之路，占尽先发优势和规模优势，泰康走的则是产业链闭环模式，深耕"保险+医养"产业链。泰康以丰富的寿险经验、卓著的资管能力、创新保险与健康商业模式，在巨头林立的保险行业中成功突围。2020年总资产过万亿元，营业收入为2 447亿元，世界500强中排名第424名。

泰康产业链闭环模式，将保险需求渗透至"摇篮到坟墓"各个环节，通过产品创新和差异化服务，延伸产业链，提高客户黏性和附加价值。一是在负债端，深耕保险主业，保险板块收入占营业收入的70%，创新"保险捆绑养老服务"模式，个险渠道占比70%以上，泰康人寿2020年保费达1 439.6亿元，市占率约4.3%，为第七大寿险公司。二是在资产端，打造泰康资管投资平台，投资收益对总收入贡献比例达到25%，投资能力卓著。第三，最具特色的是纵深产业链，精准网罗中高端人群，重资打造"大健康"生态产业链。泰康医养板块着力打造"医养康宁"四位一体的服务链条，创新设计保险直接赔付方案，绑定免费健康管理服务。泰康作为原保监会首批养老社区投资试点，创立了泰康之家养老品牌，重资产自建养老社区，创立了国内首家一站式互联网殡葬服务平台，发掘顾客的终身价值。

未来泰康发展的土壤在于不断加深的人口老龄化程度和不断提高的人民对高品质健康医疗服务的需求。但同时，泰康也需要逐步击破医疗机构质量不高，重资产运营成本高、回收周期长，民众保险意识淡薄、传统养老和殡葬理念落后等发展痛点，进一步积累高端客户资源，创新保险提供服务。

---

* 本章作者：任泽平、曹志楠、黄斯佳，实习生刘啸对数据更新有贡献。

第一节 "保险+医养"的先行者

一、发展历程

泰康的发展要从创始人陈东升说起。1992年,经济学博士陈东升从体制内下海,以经济学思维扫描中国经济市场盲点,短短三四年创立了嘉德拍卖行、宅急送和泰康人寿,后来它们均成为行业标杆级企业。陈东升最初萌生做一家保险公司的想法源于日本考察,他发现寿险赛道广阔,经过多年沟通终于等到监管开闸。

业务初创和发展期(1996—2005年)。1996年8月,陈东升以6亿元资本金创立了泰康人寿,成为《中华人民共和国保险法》颁布后的中国第一批股份制保险公司。2000年引入11亿元外资入股,扩充资本,3年内迅速在全国布局了21家分公司。早期泰康确立"专业化、规范化、国际化"的经营理念,在20多家保险公司中博采众长，营销学台湾地区，精算风控和信息技术学欧洲，投资学高盛，早期负债端依靠银行保险销售，资产端抓住股权分置改革机遇，保费规模很快在2003年突破百亿元。

资管大发展时期（2006—2008年）。泰康投资以长期稳健著称，2006年泰康资管开业，资管作为第二大板块开始起航。沐浴"国十条"的政策甘霖，乘着牛市快车，泰康资管在股市上斩获颇丰。2007年泰康资管设立100亿元规模的泰康–开泰铁路债权计划，成为行业第一单另类投资产品，此后在石油管道、高铁、公路等项目投资上频现身影。即使在2008年金融危机期间，泰康依然保持160亿元的会计收益。粮草丰腴，泰康加紧推进布局县域保险网点，拓展市场深度。

战略转型期（2009—2014年）。2009年5月，陈东升提出"从规模主导转向价值主导"的战略转型，与当时部分险企把理财产品包装成保险冲规模的操作不同，泰康主动缩减短期险种的占比，同时开始从保险业向养老产业渗透。早在2007年，陈东升就萌生了要布局养老产业的想法，提出连锁酒店模式改造养老院的构想，并向原保监会提交申请。2009年泰康获批成为保险业第一个养老社区投资试点，2010年泰康之家投资有限公司成立，2012年首个养老社区开工，同年推出国内首个将虚拟保险产品与医养实体相结合的创新型产品——"幸福有约"保险计划。

打造产业闭环期（2015年至今）。2015年10月，泰康之家首个项目——燕园正式落成开业。医疗、保健、殡葬等在泰康的产品线上多头开花，其目标是打造"医养康宁"四位一体的"大健康"服务生态，探索保险产品绑定服务的创新模式。2016年泰康集团化改组。2020年，泰康保险集团以295.02亿美元的营业收入进入世界 500 强榜单，位列第 424。

二、业务维度：泰康的产业布局和发展现状

历经 20 多年的发展，泰康形成了独树一帜的产业闭环，跻身于世界 500 强。2009 年，泰康战略转型后，由于逐步减少了银保产品的占比，保费收入出现暂时性下降；2011 年达到最大降幅，同比下降 22%；2014 年起触底回升；2017 年达到转型后最大增幅，同比上升 28%；2020 年底，保费收入达到 1 706.4 亿元，同比增长 14.79%。泰康保费收入的市占率在 2009 年时达到最高 6.02%，之后逐步稳定在 2.85%~5%，2020 年市占率为 3.63%。

泰康形成了保险、资管、医养三大板块联动格局。保险板块以寿险为主导、其他多险种共同发展；资管板块以泰康资管为平台，涉及保险资管、企业年金管理、第三方理财、公募基金等多种业务；医养平台从医疗、养老、健康、殡葬等多个领域入手，打造"医养康宁"四位一体的"大健康"服务生态。截至 2020 年，泰康总资产达到 11 296.16 亿元，平均资产负债率 90.5%，略高于寿险行业平均水平（88.20%）。

泰康一直定位在保险主业上没有动摇，收入占比中保费占绝对主导地位，2006—2020 年平均占比高达 74.04%。投资是第二大收入来源，投资净收益对总收入的贡献比例达到 23.8%；其他业务收入比重仅为 2.15%。

泰康保险至今已发展为一家涵盖保险、资管、医养三大核心业务的大型金融保险服务集团。泰康保险集团旗下拥有泰康人寿、泰康资产、泰康养老、泰康健投、泰康在线等子公司。业务范围

全面涵盖人身保险、互联网财险、资产管理、企业年金、职业年金、医疗养老、健康管理、商业不动产等多个领域（见图8.1）。截至2020年底，泰康保险集团管理资产规模超过2.2万亿元，退休金管理规模超过5 200亿元，在全国布局了22家高品质泰康之家养老社区、五大医学中心。

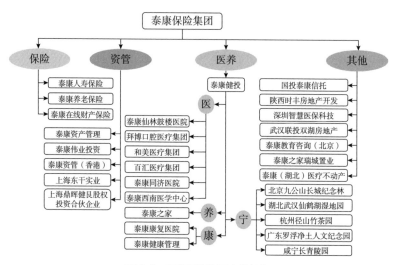

图8.1 泰康保险集团产业架构

资料来源：公司年报，泽平宏观。

第二节 泰康模式如何打通保险产业链

泰康的核心商业模式是打通"保险支付—大健康服务"循环，业务链条可以总结为：泰康深耕保险主业、创新产品内涵，从而泰康资管投资获得高收益，既吸引大企业参与年金服务和团体保险，又针对中产人群打造大健康产业链，发掘顾客终身价值。

一、负债端：深耕保险主业，创新产品内涵

产品端："保险＋医养"产品创新

从负债的分布情况来看，泰康的保险产业以寿险业务为主要龙头，万能险和投连险为两翼，健康险等为辅助。2010—2020年，寿险责任准备金占比从44%上升至50%，代表万能险的"保户储金及投资款"占比从27.2%下降至17.8%，独立账户负债占比从6.3%上升至7.6%。随着泰康"大健康"生态的打造，长期健康险责任准备金占比从1.4%上升至5.6%。从各险种收入贡献情况来看，2010—2020年寿险业务在总保险收入中占比最高，但占比下降，从95.1%下降至66%；健康险呈快速上升趋势，占比从3.4%上升至31.5%；意外伤害险的占比也有所下降，从1.5%微降至1.4%（见图8.2）。

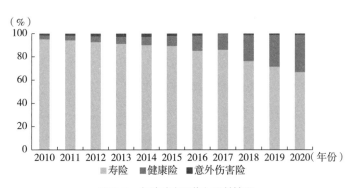

图8.2 各险种产品收入贡献情况

资料来源：泰康人寿年报，泽平宏观。

从产品期限结构来看，2010—2020 年，趸缴业务的收入逐年下降，相应的期缴业务包括首期和续期的收入都在上升。趸缴业务对应的产品一般期限较短、单个保单价值不高，而期缴产品往往有更长的久期。这说明 2009 年泰康业务转型后，确实实现了尽量缩减短期业务的占比、拉长保单年限、增强客户黏性的目标。

渠道端：个险渠道为主，注重培育线上渠道

2020 年泰康个险渠道、银保渠道、网销渠道占比分别为 71.58%、20.15%、5.5%。个险渠道仍然占主导，占比约七成。目前，泰康在全国共拥有 3 900 多个机构网点、超过 76 万人的营销队伍。银保渠道大幅下降。2010 年银行代理险贡献的保费收入占比高达 74%，以分红险为主力险种；当年 11 月原银监会叫停银保驻点销售，战略转型后，泰康逐渐缩减了短期险种的占比，2020 年贡献保费约两成。与此同时，泰康积极培育线上渠道。2017—2020 年，网销渠道占比从 4.72% 小幅增长到 5.5%。

泰康的互联网保险经营包括借用平台和自营两种方式。前期，泰康选择与大流量平台合作，采取了"全流程、多平台、借流量"的策略，以互联网思维网罗大批客户。2015 年 7 月，原保监会批复易安、安心和泰康在线 3 家互联网保险公司试点，其中泰康在线是唯一一家由传统保险公司作为主发起人的主体。2015 年 11 月，泰康在线财险公司拿到财产险的牌照正式开业。泰康在线主要经营互联网财产险、车险、健康险等期限较短、新单价值较低的险种。2020 年保费收入达 93.79 亿元，占集团总保费收入的 5.7%。虽然保费贡献不多，但泰康在线在集团内更大的职责是利用产品创新和流量数据进行客户画像。对集团而言，欲将保险产业链延长、拓展，客户大数据的挖掘必不可少，通过低门槛、碎片化、广泛的产品覆盖，获取大量客户，利用客户调查和产品私人定制，清晰地了解客户需求，待市场成熟后，再选择合适的顾客群体，择机将其转化为其他类别保险产品购买者。

二、资产端：资产管理实力强

泰康资管是保险资管领域的排头兵。2015年底，公司受托资产管理规模已经超过8 300亿元，第三方业务规模突破3 800亿元。2020年，泰康资管受托资产管理规模达22 000亿元（见图8.3），其中第三方资产总规模已突破12 000亿元，退休金管理规模也达5 200亿元。2017—2020年，泰康资管的资产管理费收入从52.1亿元增长到73.7亿元，年均增长率达到12.26%。

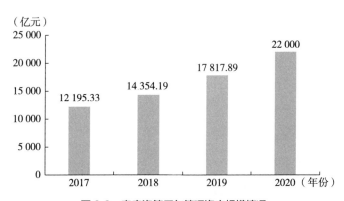

图8.3 泰康资管历年管理资产规模情况

资料来源：泰康保险集团跟踪评级报告，中诚信国际，泽平宏观。

泰康资金来源主要依赖保险、养老金、企业年金等机构业务。

企业年金等团体业务具有资金体量大、资金来源稳定的优势。2007年11月，泰康资管获得国家企业年金投资管理人的资格。2020年3月，泰康资管的企业年金管理组合资产规模达到5 998.75亿元。以单一计划组合为主导的产品结构有利于针对性地为企业提供定制化的服务，精准营销。2012—2018年，单一计划管理资产规模年均占比高达92.86%。单一计划权益类组合加权平均收益率为6.61%，略高于单一计划固收类组合（5.08%）。

泰康的投资能力卓著。在发展中期，泰康在股市上斩获颇丰。2007年泰康资管借牛市春风，在股市上斩获颇丰，投资净收益达到155.18亿元，同比增长269.2%，对总收入贡献的比重达到32%。2019年股票市场走势分化加剧，债券市场总体呈震荡态势，公司把握投资机会，投资收益大幅增长，年内总投资收益率达到6.93%，权益类组合的投资效率较为突出，收益率基本全部高于市场平均水平。泰康资管通过建立高效稳健的资产管理体系，在市场上获得了引人瞩目的高收益。该管理体系主要分为5个重要组成部分，包括基础设施、资金渠道、一级市场策略、二级市场策略和保驾护航系统。

一方面，积极参与打新。2011年9月至2019年3月，以泰康人寿为投资主体参与首发配售次数共计4 586次，以泰康人寿保险产品为投资主体的打新次数共计4 749次，以泰康资管为投资主体的打新次数共1 338次，以泰康资管发行的产品作为投资主体的共13 421次。同期，"泰康系"参与打新的数量占所有保险公司打新总量的13.75%，排名第一。

另一方面，泰康在二级市场上投资的风格定位于长期、稳健。我们统计了2015年以来泰康系产品进入前十大流通股东的38家上市公司样本，总体而言，泰康资管的产品投向风格稳健，鲜有举牌，单个标的持股比例低，平均仅为 1.42%，在市场上形成了低调沉稳的形象。第一，主板标的为主要投向。主板标的企业数量占比 55.26%；中小板企业占比 34.21%；2014 年 1 月起原保监会允许险资投向创业板，但在泰康的资金配置中，创业板企业仅占 10.53%。第二，首选大股东持股比例高的标的。大股东持股比例的高低表明了标的企业管理的稳健性，因而泰康的投资标的中，大股东持股比例在 30% 以上的标的占比超过一半。第三，投资标的行业相关度高。在标的行业的选择上，泰康最多投向医药生物行业，占比达到 13.15%，且持股时间较长，平均达到 23.6 个月；房地产行业也颇受泰康青睐，标的数量占比 10.53%，平均持股时长为 18.75 个月（见表 8.1）。

表 8.1　2015—2018 年泰康跻身前十大流通股的上市公司

证券简称	上市板	行业	总市值（亿元）	大股东持股比例（%）	泰康系持股比例（%）	至2018Q3持股时间（月）
国民技术	创业板	电子	51.75	3.00	0.59	27
广宇集团	中小板	房地产	30.97	17.41	0.73	12
健民集团	主板	医药生物	25.60	22.07	1.83	34
熊猫金控	主板	轻工制造	23.99	24.10	0.48	15
唐人神	中小板	农林牧渔	74.29	20.84	2.98	34
惠博普	中小板	采掘	32.66	14.40	3.86	24
浪潮软件	主板	计算机	64.14	19.09	1.02	24
华联综超	主板	商业贸易	27.76	29.17	1.20	23
光大嘉宝	主板	房地产	99.21	14.10	0.91	30
高升控股	主板	同行	39.51	14.57	1.05	21
长青集团	中小板	家用电器	56.83	25.77	3.31	21
高新发展	主板	综合	33.48	45.40	0.69	15

续表

证券简称	上市板	行业	总市值（亿元）	大股东持股比例（%）	泰康系持股比例（%）	至2018Q3持股时间（月）
*ST宝鼎	中小板	机械设备	22.97	32.17	0.32	3
鹏博士	主板	传媒	147.26	8.03	1.56	12
美克家居	主板	轻工制造	82.36	27.49	1.58	33
金城医药	创业板	医药生物	60.23	25.05	0.62	24
金新农	中小板	农林牧渔	34.17	38.99	0.76	6
爱建集团	主板	非银金融	214.09	28.34	0.70	21
兔宝宝	中小板	建筑材料	46.41	27.62	1.35	3
华银电力	主板	公共事业	56.46	34.18	0.29	6
泰格医药	创业板	医药生物	262.34	24.82	1.00	18
香江控股	主板	房地产	88.04	31.90	0.38	18
大族激光	中小板	电子	430.35	15.19	2.03	15
劲嘉股份	中小板	轻工制造	149.48	30.98	3.15	27
华策影视	创业板	传媒	141.33	26.29	1.17	3
康力电梯	中小板	机械设备	62.93	44.96	1.86	27
华鲁恒升	主板	化工	236.68	32.32	1.26	3
金安国纪	中小板	电子	71.78	39.83	0.24	3
豪迈科技	中小板	机械设备	149.20	30.06	1.28	27
东莞控股	主板	交通运输	102.60	41.81	0.41	9
新洋丰	主板	化工	127.58	47.53	3.34	24
奥瑞金	中小板	轻工制造	124.83	33.89	0.60	6
华东医药	主板	医药生物	447.22	41.77	0.90	24
中文传媒	主板	传媒	198.42	54.83	0.65	30
天士力	主板	医药生物	305.56	45.18	0.74	18
正泰电器	主板	电气设备	571.37	44.35	0.74	39
华域汽车	主板	汽车	677.84	58.32	0.98	3
保利地产	主板	房地产	1 620.10	37.94	7.35	15

资料来源：Wind，泽平宏观。

泰康有独立的信用评级体系保驾护航，严格控制风险。泰康资管设立了独立的内部信用评级团队，单独对各个项目进行评级。单独制定评价体系以更符合集团的资金特性，使得资产端、负债端久期和风险相匹配。虽然严格的信用评级执行会提高投研成本，降低投资灵活性，但效率和稳健比起来，泰康将后者放在更优先级的位置，在收获高投资收益的同时为资金的安全性保驾护航。

三、产业链：保险和"大健康"生态的融合

养 老

泰康之家是泰康健投旗下专注养老、护理、康复实体建设运营和创新服务的专业品牌，聚焦老年生命链产业整合，以养康为核心，对接保险产品，打造老年健康服务超级平台，引领国人健康养老观念和生活方式的变革。

社区遵循"康养结合"理念，围绕老年人的实际健康需求，配建以康复、老年医学为特色的康复医院，打造泰康国际标准康复体系（TKR），提供包括独立生活、协助生活、专业护理、记忆照护、老年康复及老年医疗在内的覆盖老年人全生命周期的连续健康服务，提供医疗急救保障和有效转诊，针对老年常见病和慢性病进行系统健康管理，实现一站式持续关爱。

在经营现状上，2009 年 11 月原保监会批准泰康作为保险业第一个养老社区投资试点。2010 年 3 月泰康之家正式成立。泰康之家旗舰社区北京燕园于 2012 年破土动工，2015 年 10 月正式开园，目前独立圣湖公寓入住率已达到 100%。之后上海申园、广州

粤园、成都蜀园及其配套康复医院也相继正式运营。

在产品设计上,泰康之家全国养老社区采用客户会员制度。2012年推出的"幸福有约"保险计划是国内首款将虚拟保险产品与医养实体相结合的综合养老计划,由泰康人寿指定保险产品和泰康之家的《泰康人寿保险客户入住养老社区确认函》共同组成。客户定位于"高知、高管、高干"的高净值人群,保费不低于200万元。该计划的创新之处在于:购买"幸福有约"保险计划,投保人或被保险人获得免入门费入住泰康之家养老社区的资格,客户入住泰康之家养老社区后,可选择将保险利益直接支付养老社区的月费或护理费等,解决养老社区服务支付问题。

在赢利模式上,泰康之家采用的是"保单捆绑+押金"的长期持有型。优势在于能够保障项目的管理效果和服务水平,在长期的持有中根据市场反应调整运营策略,积累项目口碑和知名度,也能获得持续稳定的回报。在经营模式上,选择重资产自建的方式有两点优势。一是泰康创新的业务模式能够实现产业协同发展,上游连接养老保险与医疗保险,下游开拓医疗健康投资,打造医养产业链闭环,形成规模经济。二是重资产模式意味着树立了很高的进入壁垒,其他企业想要复制会付出极高的成本。由于"护城河"更加宽厚,项目估值也应更高。

但重资产经营的弊端也显而易见。第一,重资产模式意味着成本更高、投资回收期更长。陈东升曾表示:截至2016年底,泰康在全国医养实体总投资已达到203亿元,占保险业在该领域总投资额的1/3;一个成熟的养老社区做到收支平衡需要6—8年,真正实现赢利要8—10年的时间。项目在国内初试水,在市场接受程度未明的情况下也意味着更高的风险。第二,泰康主业为保险,为实现重资产自建,它需要在项目运营、地产、物业、医药等多个行业中进行多元化布局,企业本身缺乏实业经营管理的经验,如何妥善地整合资源成为重要的挑战。

医疗健康:商业保险实时赔付模式的先驱者

在经营现状方面,2015年8月,泰康健康管理公司成立,主业是整合泰康集团健康医疗服务资源,为各个年龄段客户提供健康管理服务。当前已整合了262家体检中心、15家公立医疗机构、30多家私立医疗机构的资源。具体有三种方式。一是泰康之家内自建二级康复医院。康复医院为医保定点医院,可实现医保及泰康商业医疗保险产品实时结算。康复医院以老年人为服务对象,针对老年人群慢病为主、多病共存的特征。二是投资并购具有行业优势的民营专科医院。由于我国拥有优质医疗资源的综合性医院多是公立医院,民资入股难度较大,因而泰康转而从专业性医院入手进行整合:2015年泰康战略投资南京仙林鼓楼医院、京都儿童医院、安琪尔妇幼医院;2016年收购和美医疗,投资拜博口腔等。三是逐步与知名国外诊疗机构或国内优质医疗机构合作,探索保险直赔模式。2014年泰康与国际顶级医院约翰·霍普金斯医疗系统建立国际转诊绿色通道。

在产品设计方面,泰康针对普通客户和高端客户推出不同的保险产品,对应不同等级的医疗健康资源。一是普通客户,购买专项保险绑定开通相应的服务权限,例如购买一定数额的保险产品就可以开通"绿通卡"或"健保通"权限。"绿通卡"主打重疾就医业务,2017版的"绿通卡"打通了诊前咨询引导、诊中专家治疗、诊后电话随访等全程照料，保险可用于诊费、特药甚至就医交通住宿补贴的赔付。"健保通"主打快速赔付，但就医地点仅限于泰康指定的医疗机构，2018年8月，"健保通"网络上线医院超过1 000家，覆盖240多个城市，其中三级医院占比40%。二是高端客户，购买产品到达一定额度就可以成为相应等级的高端客户，绑定开通附加的医疗保健服务项目。除了可以拥有普通客户开通的"绿通"资格，还有高客的特殊优待项目，包括中西医体检，同时获得海外医疗、中医养生、口腔服务等专属优惠项目。

除了提供附加的日常健康管理、诊疗全程的便捷服务，泰康健康保险的"直赔模式"是一个重要的产品创新点。"直赔模式"也称"直付式理赔服务"，指的是通过与合作医院共享数据，客户出院时，由医院直接与泰康人寿结算其应赔付的医疗费用，客户再支付剩余医疗费用即可出院。传统保险理赔期大概1—2个月，理赔申请需要经过保险公司理赔审核调查定性等较为繁杂的手续，泰康的"直付模式"中，保险公司可以从医院调取客户就医资料，出院当天就可完成理赔，极大地提高了理赔效率。

在赢利模式上，一方面，泰康是探索国内保险直赔模式的先驱者，在寿险、健康险的红海市场中寻求差异化。在传统保险的获利性和保障性之上附加了健康医疗服务的价值，使保单更具竞争力，新单价值更高。例如，开通"绿通卡"服务的保户，除了可以获得保险赔付之外，还可以享受泰康免费提供的线上问诊、专家预约挂号、健康档案管理、体检卡优惠等绑定服务项目。开通"健保通"服务，可以选择"直赔医院"或"快赔医院"进行就诊，区别在于：前者可通过医院端直接调取诊疗档案，出院时即可完成赔付；后者需通过手机端自主申报理赔。对客户而言，在医院看病能迅速获得保险理赔，是节省资金成本和时间成本的选择。

另一方面，泰康在医疗服务方面缺乏运营经验，采用合作入驻的方式居多，对诊疗机构的管控能力弱，就医质量的保障容易受到客户的质疑。例如，在北京与泰康合作的医院共40家，其中客户能享受"直赔"服务的三甲医院仅有1家，能享受"快赔"服务的三甲医院有7家。主要原因在于目前国内公立医院掌握最丰富的医疗资源，但在理赔支付方面，商业保险在支付方面相对社保处于弱势，因而无法达到控制医疗费用的目的，这成为泰康保险实施直赔模式的阻碍。

殡葬："殡葬+保险+互联网"模式初试水

2015年7月，泰康旗下子公司爱佑汇正式上线，成为国内首家一站式互联网殡葬服务平台。目前，爱佑汇的O2O模式下，有手机端、电脑端、客服电话，以及线下全国100多个殡葬服务实体店。截至2016年，已有3 000多家殡葬企业入驻。

爱佑汇的核心业务分为三个板块：殡葬服务、生前契约和人文纪念。其中，生前契约是泰康探索"支付牵手服务"模式的又一应用场景。生前契约本质上是一款殡仪保险产品，由泰康人寿承保的"福寿一生"终身寿险和爱佑汇提供的"生前契约确认函"构成，"生前契约确认函"是"福寿一生"附加的权益项目。保障对象年龄限制为65—75周岁。该产品的核心特点在于：投保人可以选择身后由亲属领取保费返还或者选择保险合同中载明的殡葬服务。该产品有一年趸缴 1.3 万元和 3.5 万元两套方案，每年保额 3% 复利递增。被保险人过世后，位于当地的专业服务人员"爱佑天使"负责葬礼的全程策划，同时兼顾家属抚慰的服务。

在赢利模式上，对于投保人而言，生前契约的吸引力在于可以提前锁定殡葬消费价格。当前国内殡葬市场呈现出"小、散、乱"的特点，传统殡葬业的利润高达 80%。在此背景下，以合理价格提供优质贴心的服务是泰康创新殡葬服务模式成功的关键。但实践中面临很大的挑战：一方面，目前爱佑汇的盈利在产品端主要来自生前契约和墓地的销售，保险端主要来自保费的理财收入，如何培养用户接受生前契约的理念，如何调整对死亡的忌惮和对殡葬业务的隐晦避嫌的传统观念是提高产品可接受程度和拓宽市场的关键；另一方面，殡葬服务具有低频（每个人一生只有一次）和非标（风俗不同）的特点，仅有两套服务方案的产品设计不能满足多样化的殡葬服务需求。

第三节　如何突破行业痛点

泰康标杆：凯撒模式的亮点与雷区

泰康的商业模式其实并非自创，而是以"凯撒模式"作为他山之石再加以本土化。发展成熟的凯撒模式为泰康指明了方向，同时也在提示雷区。

凯撒医疗集团诞生于 1945 年，总部位于美国加州奥克兰市，是美国最大的健康维护组织（HMO）。截至2017年，集团的业务覆盖全美8个州及华盛顿特区，共39家医院，680个医学中心。集团由凯撒基金健康计划（KFHP）、凯撒基金医院（KFH）、凯撒医生集团（Permanente Medical Groups）三个独立运营又相互依存的主体组成。

在产品设计方面，凯撒模式的核心是将保险支付和提供的医疗服务一体化，以利益博弈遏制过度医疗现象，制约成本上涨。凯撒模式有三个特点。第一，以企业客户为主。会员购买凯撒保险，缴纳固定的费用给医疗集团，按照不同等级享受不同的医疗服务。凯撒78%的会员都是企业职工，由雇主企业为职工支付保费，仅有5%为个人会员。第二，封闭式管理。凯撒医疗集团的服务一般不为健康计划之外的成员提供医疗服务，同时凯撒基金健康计划也不会和其他医疗服务方直接联系。第三，激励机制设计。凯撒整合医疗模式中最关键的因素是保险端、医疗服务提供方之间的利益一致性。医疗服务提供方与保险端协商年度预算，保险按人数固定支付，同时双方签署"风险分担协议"，在固定支付的基础上，医疗服务提供方要承担由于过度医疗给保险带来的损失，因而实际提供医疗服务的医生具有控费的动力。

模式优缺点方面，凯撒医疗集团的成功与其商业模式中的优质基因存在必然联系。凯撒医疗集团整合医疗保健模式有效地实现了医疗保险和医疗服务的结合，形成了严格的控费系统，与美国医院的同类医疗服务成本相比，凯撒可以做到比平均成本水平低17%。激励机制的设计让医生有控费动力，通过客服及时响应，严格进行健康管理和监控，减少客户得病概率，由普通专科医生、全科医生和医辅人员解决80%~90%的问题，仅剩下10%左右需要高费用的专家介入。但也不能忽略模式中存在的雷区。第一，凯撒模式采用自建或签约医院的重资产模式，达到规模经济前资金投入量非常大，在运营了70多年后，凯撒医疗的版图只铺到了美国的8个州。第二，凯撒模式控费能力一流，但容易落入"医疗不足"的陷阱（例如为了降低医疗费用，凯撒医疗会通过由医生和药剂师撰写的临床指南鼓励其医生使用非品牌药而不是品牌药），医疗服务质量下降成为制约集团发展的"阿喀琉斯之踵"，难以满足高端客户就诊需求。第三，封闭模式造成就医限制过多。会员在凯撒医疗服务体网内可以任意选择医生，但选择网外医生需要经历漫长的转诊过程，且转诊费无法通过凯撒保险报销；此外，凯撒提供的服务绑定于雇员身份，一旦雇员被解雇，就会同时失去凯撒会员的资格，重新加入则要支付高昂的保费。

　　泰康正在尝试布局真正实现保险端和医疗服务提供方经济利益一致的项目。例如，在2016年整合拜博口腔的项目上，泰康就应用了凯撒模式中控制诊疗费用的激励机制设计。与国内大部分口腔医疗服务按项目收费不同，泰康拜博口腔推出按人按年付费的模式，同时发布了5款口腔保险产品，可用于诊费支付。年费的模式在一定程度上能避免过度医疗的情况。另外，2016年"健保通"与泰康仙林鼓楼医院实现了系统对接，实现了保险"直赔"服务。

　　然而，要真正实现"凯撒模式"在国内落地还是道阻且长。主要难点在于：一是我国商业保险体量小，话语权较弱。2016年，我国城镇职工基本医疗保险和居民医疗保险总收入已达15 765亿元，而商业保险规模仅有3 648亿元，占比23.14%。二是优质医疗资源在体制内与险企结合较难。目前公立医院占据了中国医疗行业85%以上的市场份额，险企无法触达体制内优秀的医疗机构，而民营医疗机构水平良莠不齐，经营风险较高。三是泰康以保险为轴，附加其他的医疗健康服务项目，与医疗企业多为合作或者股权投资关系。保险公司无法掌握具体的医疗细节，不能通过与医疗机构的利益博弈机制设计防止过度医疗的道德风险。

未来泰康的发展机遇和模式痛点

未来泰康的发展机遇在于两个方面。一是国内人口结构老龄化的趋势不断加深。根据国家统计局公布的数据，中国人口快速老龄化，人口年龄中位数从1980年的22岁快速上升至2015年的37岁，预计2030年将升至43岁；2020年65岁及以上的人口比例达到11.97%，养老问题日益严峻。十三届全国人大二次会议审议的政府工作报告中提到"要大力发展养老特别是社区养老服务业"，多种类型的机构正抓紧布局养老产业。泰康布局养老产业时间早、投入高、模式新。重资产打造高端养老地产对接长期养老险产品，客户更早规划养老方案，保单久期更长，价值更高。

二是人民日益增长的对高品质健康医疗服务的需求。一方面，国内医疗资源总量不足、分布不合理、优质资源匮乏；看病难、看病贵问题的核心表现为供需矛盾。另一方面，基本医保的保障范围有限，对于大病医疗、癌症用药等覆盖不足，商业医保的重要性凸显。泰康在健康医疗板块的布局取决于凯撒医疗集团，核心是将保险支付和提供的医疗服务一体化，以利益博弈遏制过度医疗现象，制约成本上涨。客户选择在泰康直赔医院就医，能够在就诊期间获得迅速理赔。

泰康未来发展需要逐个击破几项经营上的痛点。第一，整合医疗机构质量有待提高。虽然泰康的医疗健康保险逐步开放与国内多家三甲医院的合作，但总体上高质量医疗资源的覆盖面还不够广泛，客户只能在指定机构获得直赔，指定范围外的理赔效率在市场上并无竞争优势。第二，医疗资源不在集团体系内，不能通过利益博弈达到降低医疗成本的作用。由于我国商业保险体量小、话语权较弱以及优质医疗资源多在体制内，险企想要整合难度大，泰康要实现保险和医疗机构一体化的目标道阻且长，难以实现控制医疗成本的目的。泰康可以选择专科医院纳入体系进行控费实践，与三甲综合性医院进行合作，扩大直赔范围是破题的关键。第三，养老机构重资产运营成本高、回收周期长。重资产经营企业涉入成本高，转型困难，实际参与经营缺乏管理经验，如何妥善地整合资源成为重要的挑战。第四，用户传统意识形态有待改观。泰康的互联网殡葬业务对人们传统的殡葬观念发出了挑战，用户土壤的培育需要长期用功，要定位于重点服务的区域市场，深入了解当地殡葬风俗，在保证服务质量的前提下尽量降低成本。

产融平台篇

第九章

复星：多元化集团发展逻辑

复星集团的创始人郭广昌被誉为中国版巴菲特。复旦哲学系毕业的他，以敏锐的洞察力捕捉到90年代中国改革开放机遇，1992年下海创办复星，从最初的医药和地产起家，2000年以来积极参与混改，2010年开启全球化战略，版图扩张至健康、娱乐、保险、基金等轻资产行业。

作为中国目前经营相对成功的一家产融平台，复星经过经济周期更迭、大风大浪依然屹立不倒，在多个领域都取得了不俗的成绩，其模式也为众多渴望实现产融结合的民营企业提供了参考，背后有怎样的投资逻辑和手段？

一是找准业务模式，恪守能力圈。即使多元化并购扩张，复星也依然恪守能力范围，多以非控股股东的身份参与实体投资，较少直接干预企业经营。二是踩准周期节奏。20世纪90年代布局医药和房地产，赶上市场化改革大潮，2000年后布局的钢铁、矿业与中国经济周期保持同步，2008年次贷危机后，很多海外资产深度回调，复星又踩准国际化和消费升级逻辑，布局大量海外资产，每一次均获得业绩跃升。三是重视现金流。现金流是企业的生命线，复星打造与资产属性、地域分布高度匹配的投融资体系，保持现金流充裕，使其平稳度过近年来去杠杆的严监管周期。*

---

* 本章作者：任泽平、曹志楠、黄斯佳，孙文婷对数据更新有贡献。

第一节 "八爪鱼"扩张之路

一、发展轨迹：从内生增长到全球拓展

起步阶段（1992—1998年）：医疗和地产起家。20世纪90年代市场经济体制改革，福利分房制度取消，从复旦大学哲学系毕业的郭广昌于1992年创办了一家地产调研机构，敏锐捕捉到房地产市场历史性机遇后，于1998年成立复地集团，果断转型房地产开发。1995年再次洞察医药板块机会，招揽生物专家，依靠自主研发的乙肝检测产品获利过亿，为创业初期的复星带来了稳定的利润。事后回看，这两次押宝均处在行业风口的起点。

内生增长（1999—2009年）：借力国企混改进军重资产行业。世纪之交，正值中国成为世界工厂的年代，钢铁需求快速增长，但国有中小钢铁企业经营不佳，导致行业兼并重组面临洗牌。复

星再次抓住历史机遇，踩准国企混改的关键期，借复星医药上市融资，据《中国证券报》统计，复星以"价值投资，盘活国企"为旗号先后参与过至少22家国企混改，取得了南京南钢、国药控股等国企股权，其中也不乏由政府或国企主动邀请。借此机遇，集团版图扩展到医药、房地产、钢铁、矿业、零售等重资产行业。

全球拓展（2010年至今）："保险+私募"成就全球投资版图。2010年后随着中国在国际社会的影响力不断提高，同时国内产业升级和消费升级增速，复星通过境内外投资并购迅速拓展保险、私募、消费娱乐和时尚板块。2014、2015年为复星并购的高峰期，以境外控股的保险和私人银行作为海外融资平台，投向海外优质资产，截至2017年参与海外并购超过47起，海外投资总额超过300亿美元，以欧洲、北美洲为主要分布地域。

二、产业现状：保险与资管当道

在集团层面，截至2020年，复星国际总资产达7 677亿元，增速7.3%，总负债达5 746亿元，年均增速7.4%，资产负债率为74.8%。其主要利润来源于资产变现溢价而非经营利润。投资收益占利润总额的比重平均为71%。2010年前营业收入较投资收益略高；但2010年后集团版图发生重大调整，投资收益占营业利润的比重迅速上升，从2011年起超过100%。

如今，复星形成了健康、快乐、富足、智造四轮驱动并行（见图9.1）。复星看好消费升级逻辑，多年沿着健康、快乐、富足板块布局，2020年新添智造，形成四大板块（见表9.1）。健康板块主要是医药业务，以复星医药为主体，收入占比25.3%；快乐板块以服务和消费为主，包括复星旅文和豫园股份，以及境外的地中海俱乐部等，贡献了40.9%的收入；富足板块主要指寿险、地产、资管业务，收入占比达31.1%；智造板块，目前仍以钢铁、矿产资源为主，收入占比3.6%，未来将往智能出行、高端自动化生产线、新能源电池等方向发力。

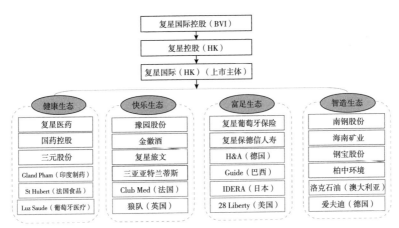

图9.1 复星形成健康、快乐、富足、智造四轮驱动

资料来源：公开资料整理，泽平宏观。

表9.1 分阶段看复星各版块发展

阶段	医药	地产	钢铁	矿业	保险	资管
	资产占比					
内生阶段（1999—2009年）	15.5%	30.3%	32.1%	5.1%	—	—
拓展阶段（2010年至今）	12%	13%	4%	1%	21%	8%
总体	12%	14%	6%	1%	19%	7%
	利润占比					
内生阶段	10.7%	10.2%	19.6%	10.6%	—	—
拓展阶段	16%	21%	2%	4%	19%	5%
总体	15%	19%	6%	6%	15%	4%

续表

	医药	地产	钢铁	矿业	保险	资管
	负债占比					
内生阶段	11.4%	34.3%	36.5%	2.5%	—	—
拓展阶段	14%	23%	8%	1%	59%	12%
总体	14%	24%	11%	1%	53%	11%

注：复地于1998年成立，豫园商城于2003年开始并表。2004年前数据来源于复星医药、复地、豫园商城报表合计；2004年后数据来源于复星国际。

资料来源：Wind，复星国际年度报告，复地集团年度报告，泽平宏观。

第二节　如何玩转产融平台

复星拥有上市公司、保险、私募三大投融资平台。一是以产业投资为职能的上市公司平台，以复星国际和复星医药为代表，复星国际以搭建集团架构、调整板块设置为投资目的，是对接境内外投资最主要的端口；复星医药本质是以"大健康"为主题的投资集团，牵头所有集团内医疗健康概念的投资并购项目。二是以万能险为主要融资来源的国际化保险平台，其职能是以境外资金对接当地具有相对优势的项目。三是以提供融资服务和策略投资为使命的私募基金平台。2010年，复地集团董事长范伟在接受《21世纪经济报道》采访时称，复地以"房地产金融化"为使命，旗下创建了多种地产私募基金创新资产证券化产品对接地产开发项目，此外PE基金的Pre-IPO业务为集团获取了超高投资回报。

金融模式

一、资产端：以投资思维做产业

从集团层面来看，复星整体更偏向是一家投资集团，依靠投资获利。近年来复星国际投资收益占利润总额的比重平均为70%左右。进一步拆分集团层面"投资收益"，可以发现如下特点。一是持股比例下降，说明对业务的干预介入变少。2010年后，"长期股权投资"科目余额收缩，相应地，"金融资产投资"有所扩张，说明被收购资产被当作子公司的越来越少、被当作金融资产处理的越来越多，持股比例有所下降，意味着复星对投资标的公司的影响和管理意愿下降。二是偏向财务投资而非战略投资，投资收益中来自金融资产的占比由2010年前的平均16%上升至2010年后的50%；相应地，来自长期股权投资的占比由84%降至50%，表明复星投资风格更偏向于交易型持股。原因可能在于，战略转型后国际化投资更注重分散风险，中短期持有更具灵活性，小份额持股有利于降低转换成本，维持现金流高周转。

复星旗下上市平台包括复星国际、复星医药等，分别在香港地区和内地上市，作为投资实体产业的平台，其借力国企混改进入医药、钢铁、矿业、零售等实体产业，每一家企业的上市都为复星开辟了一个新的投融资平台。

医药产业

复星医药于1997年上市，是国内首家上市的民营企业，以投资思维做大医药产业，实业经营回报明显低于并购投资收益。1998—2020年，复星医药的年平均经营利润为4.25亿元，年平均投资收益为 13 亿元，3 倍于前者。此外，2017 年的报表数据显示，复星医药的投资和融资现金流均显著高于行业中位值，与其他同业企业相比亦有显著差别。

国企改造

复星踩准了国企混改的关键期，低成本入股国企，先后参与过 22 家以上的国企混改。2001 年复星首次试水以 3.5 亿元收购唐山建龙 30% 的股份，但未取得控制权。2003 年收购南钢股份，复星以 8.5 亿元的收购资金撬动了 32.1 亿元的资产，构成沪深股市史上首例要约收购。同样在矿业板块，复星收购国有股入手海南矿业、招金矿业，2007 年又投资华夏矿业。复星入主各矿业后营业状况良好，且海南矿业、招金矿业先后上市，使复星高溢价退出（见表 9.2）。

表 9.2　复星参与众多国企混改项目

初始投资年份	被投资公司	投资成本（万元）	持股占比（%）
1996	上海华泰生物工程实业有限公司	133.03	12.5
1997	克隆生物高技术	2 019.60	51.0
1998	上海五洋药业健康产品有限公司	1 500.00	60.0
1999	上海创新科技公司	3 076.00	100.0
2000	北京金象复星医药股份有限公司	6 120.93	50.0
2000	天津药业	14 549.00	22.0
2000	新世纪药业	2 000.00	40.0
2001	豫园商城	35 367.21	20.0
2002	北京永安医药总公司	6 900.00	46.0
2002	湖州复星医药有限公司	1 200.00	40.0

金融模式

续表

初始投资年份	被投资公司	投资成本（万元）	持股占比（%）
2002	重庆药友	6 831.68	51.0
2003	南京南钢	85 010.40	71.0
2003	友谊股份	17 211.17	30.0
2004	国药控股	53 175.00	49.0
2004	江苏万邦	13 111.20	75.2
2004	一致药业	18 400.00	43.3
2007	海南矿业	90 000.00	60.0

资料来源：公开资料整理，泽平宏观。

海外投资

2014年以来，复星加大了海外并购力度，据不完全统计，其投资项目超过47项，投资总金额超过300亿美元，以欧洲、北美洲为主要分布地域，布局了保险、时尚、医药等板块。回顾复星海外扩张的进程不难看出，从2013年开始，其海外收购的步伐逐渐加快，2014年和2015年高歌猛进，在美国、欧洲、以色列、加拿大、巴西、澳大利亚均可看到复星身影。随后受监管等因素影响，复星并购步伐小幅放慢但并未停止。2017年7月，复星集团与三元乳业共同出资6.25亿欧元收购了法国一家植物黄油生产商。同年10月，复星医药以10.91亿美元控股印度一家药企，这是中国内地医药企业最大的一桩海外并购案。新冠肺炎疫情对全球化产生了巨大冲击，复星仍表明了在全球深耕产业的决心，成功地与德国BioNTech SE公司合作研发复星新冠疫苗复必泰。郭广昌表示："如果你想在全球发展，你一定要了解中国，因为中国已是全球第二大经济体；如果你想在中国发展，你一定要了解全球，因为中国此时已非常国际化。这是我对未来商业的一个基本看法，同时拥有中国和全球的动力，将是未来我们最强大的竞争力之一。"

二、负债端：保险+PE，拓展海外融资渠道

多元化融资渠道

复星融资体系为适应投资需求而打造，可最大限度地发挥集团投资能力与资金流掌控力。2010年前进军重资产，融资依赖传统银行贷款。2010年后转型轻资产，融资也转向"银行+保险+私募"新型渠道。

融资渠道从传统转型为多元，契合不同阶段的投资需求。2010年前，复星主要依靠传统融资方式，有息借款占比37%，其中银行借款占比高达89%，而且以担保贷款为主，彼时复星布局重资产，为担保贷款提供了优质的抵押品。随着2010年后国际化投资的开始，复星大笔收购保险、银行和私募基金，有息负债于2020年大幅下降到30%。截至2020年，复星5 700亿元总负债中，有息负债、保险负债、经营账款、银行吸储、股权融资分别占比30%、23%、14%、6%、5%，极大地拓宽了融资渠道。

总债务结构中，以外币形式存在的占比逐渐增大，尤其以美元和欧元最为显著。2020年其外币债务占比达到43%，以有效对接复星在欧洲和美洲的海外并购。美元债务和欧元债务主要来自优先票据，2013—2017年发行最为密集，共计71.04亿美元。另一渠道为内保外贷，例如，2018年1—8月复星实业共计向银行申请贷款

14.6 亿美元，均由复星医药承担连带保证责任。日元债务则更多来源于中期企业债券，2015—2017 年多发，共计 17 亿日元。

保险平台

从 2007 年起的 10 年间，复星笼络了全类型保险牌照，境内外总共布局 10 家保险企业。资产主要投向境外，其中以复星葡萄牙保险为主要引擎。境外险资获取成本低，且可直接用于投资境外项目，有效规避了外汇审查的风险。

一是保险板块布局早、牌照全。复星从 2007 年开始布局保险板块，通过国内外投资并购将 10 多家保险牌照收入囊中，国内有复星保德信、复星联合健康，还投资了永安保险，海外则在葡萄牙、美国分别投资 3 家、2 家保险公司。2016 年历史顶点时期，保险板块保费收入超过 625.7 亿元，可投资资产达到 1 711.3 亿元，大部分净利润贡献来自海外企业，以境外资金直接对接境外项目。在险种上，复星偏好投资寿险类公司，寿险和分红险等投资期限较长，更有利于对接复星投资端较长期的持股计划。

二是负债从依赖万能险逐步转向传统保险。虽然复星旗下险种多样，但在 2018 年前，真正在负债结构中占主导地位的是万能险产品。代表万能险的负债科目"投资合约负债"平均占比最高达到 59%，大部分来自复星葡萄牙保险，代表传统保险销售业务的"保险合同准备金"平均占比为 33%。此后，复星逐步调整业务结构，2019—2020 年"投资合约负债"分别减少 41 亿元、75 亿元，"保险合同准备金"逐年增加并成为负债的主要来源。

三是境外险企直接投资境外股权。复星葡萄牙保险的可投资资产在整体保险板块中占绝大多数，2020年高达1 322亿元人民币，因此葡萄牙保险成为集团对接境外项目的主力军之一。可统计资料显示，2017年葡萄牙保险投资的境外项目金额占比为25.43%，仅次于母公司复星国际的投资额（占比30.69%）。

PE 平台：千亿私募基金复合投融资平台

私募基金利润贡献虽少，但却是募集资金的重要渠道。2011年，复星正式将资产管理设置为一个单独的板块，管理资产规模逐年递增，2018年资产管理规模达1 370亿元，占集团总资产的21.44%（见图9.2）。

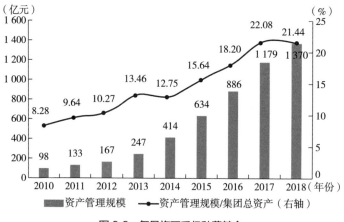

图 9.2 复星旗下千亿私募基金

注：该数据仅披露到2018年，此后未再更新。
资料来源：复星国际财务报告，泽平宏观。

总体来看，复星基金投向遍及境内外股权和地产项目。复星旗下的基金分为股权投资基金和地产基金两大类，分别占84%、

16%；存续期分别为 8 年、6 年，较市场平均存续期（3+2 年）长得多。国内基金：股权基金复星创富，这是集团直接投资端口；地产基金：智盈投资、星浩资本和共赢资本。2014 年后，境外资管机构成为复星"收购"的对象，大大补充了复星用于境外投资的资金。如 IDERA（日本）、Resolution Property（英国）、复星欧亚（俄罗斯）、Paris Reality Fund SA（法国）以及 Rio Bravo（巴西）相继成为复星的募资和投资平台，2016 年其境外资产管理规模占比达到 52.28%。

具体来看，复星基金赢利模式如下。

股权私募基金：靠 Pre-IPO 项目获超高溢价

复星旗下的股权投资基金包括人民币 PE 基金、合格境外有限合伙人基金（QFLP 基金）及美元 PE 基金。据统计，基金产品总数中有 62.5% 采用了契约型基金的设立方式，37.5% 采用了有限合伙的设立方式。设立方式不同的私募基金对于集团报表的影响也有差异。契约型 PE 基金募集的资金不入表；而作为有限合伙企业设立的 LP 基金，其所募集的资金可被计入所有者权益，一方面起到扩充资本的作用，另一方面也可避免"双重征税"，降低募资成本。私募基金补充资本金、改善复星杠杆率的作用微弱，还有更重要的作用体现于募集境内外资金。

复星以投资作为主要的经营模式，Pre-IPO 为人民币 PE 基金提供了重要的退出机制。复星旗下私募基金 Pre-IPO 业务的投资有以下几个特征：一是以复星创富和谱润投资两家私募公司为主要平台，其中谱润投资金额占比 72.4%；二是投资项目平均持股比例为 15%，多次出现在前十大股东名单中；三是中长期持股，平均持有期限为3年，投资阶段越早，越能够以低成本获取更大份额的股权；四是2007—2010年投资的项目大量在2010—2012年上市，根据年报披露，其原因之一是2010年中国推出创业板，复星把握机遇，前期投资多家信息技术和医疗保健概念公司，上市后资本溢价非常可观。

地产基金：资产证券化创新地产金融

复星的地产基金在境内和境外均有布局，都被收归于复地集团旗下。其在境外并购入手的所有基金机构均属于地产基金，其中，日本地产基金IDERA、英国地产基金Resolution Property由复地直接出面收购。境内复地先后成立了三个差异化定位的地产基金管理平台：智盈投资偏重住宅开发，星浩资本则侧重于大型城市商业综合体，共赢资本更偏重于复合型商务地产的投资与开发。基金通常用于募资或投向复地自己开发的项目，或由LP合伙制基金投资于项目股权。

在运作方面，LP合伙制基金募资直接投于项目股权。复地曾经设立多只合伙制基金，致力于提供"不动产产业链解决方案"，不仅涉及产品设计和资金募集，还作为开发商参与开发管理。2009年由复地集团持股的智盈投资发行了第一只人民币房地产私募基金"复地景业基金"，该基金采取的是有限合伙制的形式，共募集资金5.5亿元，底层资产为复地集团的开发项目。其后，星浩资本成为复地旗下最大的境内地产基金，其设立的Ⅰ期和Ⅱ期星光耀基金（有限合伙）共募资55.16亿元，也是直接投资于项目公司股权。

试水REITs和结构化房地产私募基金等产品。境内，星浩资本管理的星光耀城市综合体开发基金Ⅲ期和共赢资本管理的复邦城Ⅱ期基金分别采用了券商资管计划和集合资金信托计划融资后，作为LP进入私募基金的条件，底层资产的房地产项目依旧交由复地集团开发管理。这类产品本质上属于结构化的房地产私募基金产品，对于投资人来说，作为SPV的信托计划可以起到稳定投资回报现金流的作用，而对于融资方而言，可以通过信托计划的分红、费率、延期等条件设置来调整收益的分配。境外，2016年复地旗下的日本房地产基金IDERA参与设立的REITs在东京证券交易所上市，初期规模1 000亿日元。

境外股权投资基金：复星保德信中国动力基金

2011年成立的复星保德信基金是复星集团管理的第一只美元基金，复星作为GP对基金进行管理。复星保德信中国动力基金是境外投资的又一端口，占境外投资总额的10.74%，一般与母公司复星国际一起作为投资主体，例如太阳马戏团、St.John、Caruso等项目的投资都由保德信基金同复星国际一起投资，基金投资持股比例远超过母公司。复星保德信中国动力基金初始投资金额为6亿美元，另一只中国动力基金为10亿美元。基金存续期为10+2年，长期资金有利于对接长期项目的投资，但期限远超市场平均会导致满足条件的LP较少。

第三节　多元化扩张与现金流平衡术

从实业起家到金融投资，复星在产融结合领域不断探索，是中国目前经营相对成功的一家产融平台,复星模式也为众多渴望实现多元化发展的民营企业提供了参考。与其他产融平台相比,复星准确抓住了时代发展机遇,清晰定位为投资集团,资产与负债相匹配,实现了多元扩张与稳健发展的平衡。

一是准确把握时代发展机遇。20世纪90年代,复星布局医药和房地产赶上市场化改革大潮,2000年后布局的钢铁、矿业与中国经济周期保持同步。次贷危机后,中国的国际地位日益提高,复星再次调整战略,踩准国际化和消费升级逻辑,提出"中国动力嫁接海外资源",大力拓展海外市场,同时从传统产业向消费、医药、金融、高端制造等领域升级。看似"八爪鱼"的多元化并购实则步步紧扣政策导向和市场机遇。

二是清晰定位为产业投资集团,认清能力圈。复星本质上是一家投资公司,无论是整个集团还是医药主业层面,主要利润都来源于资产变现溢价而非经营利润。因此,即使采取多元化并购扩张,复星依旧恪守能力范围,发挥投资并购优势,以PE逻辑投资产业,依旧较少干预企业实际经营,围绕"富足、健康、快乐、智造"布局大金融、大健康、大文化、大旅游、大物贸五大板块,待企业成熟后上市,获取资本化收益。

三是负债与资产匹配度高,注重现金流。复星融资体系专为投资需求而打造,可最大限度地发挥集团投资能力与资金流掌控力。2010年前复星以钢铁、资源、地产为主要投资标的,融资依赖传统银行贷款,2010年后转型轻资产,融资也转向"保险+私募"新型渠道;为应对境外收购需求,复星专门打造了境外融资平台和资产管理平台。与资产属性、地域分布高度匹配的融资体系,使复星平稳度过了近年来去杠杆的严监管周期。

金融科技篇

第十章

中国金融科技发展格局和趋势展望

金融科技是技术驱动的金融创新，以技术为手段，目标和利源仍在金融。金融科技自20世纪80年代兴起，经历了金融信息化、互联网金融以及金融与科技深度融合三大阶段。截至2019年，全球金融科技投融资达1 503亿美元。中国金融科技后来居上，2018年伴随蚂蚁集团等企业的大型融资，金融科技投融资达到阶段性高点，形成了少数大企业主导的市场格局。

我国金融科技市场格局：金融机构与互联网企业各有优势，竞争与合作共存。银行科技的特点是资金投入充足，发力消费信贷、供应链金融等数字化转型，主要挑战在于转型时间长和数据处理难度大等。保险科技应用场景广泛，保险产品在设计、销售、投保、核保和理赔等环节均有金融科技渗透，保险覆盖范围显著扩大。主要挑战在于保险技术应用"重销售、轻服务"以及中小保险企业数据运用和管理水平有待提升。证券科技在零售经纪和机构业务应用较广，2019年证券技术投入约205亿元，主要应用于经纪、机构服务等标准化业务，在投资银行和合规风险管理等依赖人力和经验的业务中尚未大规模应用。资管（资产管理）科技主要应用于投研（投资研究）决策、量化交易、智能搜索领域，但轻资产商业模式决定了资管行业难以大规模地投入技术资金。互联网金融科技平台以获取支付牌照为敲门砖，导流至高利润的借贷和理财板块，同时利用数据和技术向金融机构输出技术解决方案。但酝酿的高杠杆、系统性风险、隐私保护、垄断地位等问题，引起各方高度关注。

2020年是金融科技发展的分水岭，上半场的关键词是巨头崛起、创新商业模式为王，下半场则是重建规则、靠硬实力取胜，未来发展面临四大趋势。一是短期内面临强监管，长期仍鼓励创新与风险预防并重。二是金融科技前景依然广阔，市场主体日趋多元，合作大于竞争。三是随着新型基础设施建设上升到国家战略高度，将推动金融科技发展进入新阶段。四是商业模式或被重塑，更好地服务实体经济、普惠金融、提高科技硬实力是三大发力方向。*

---

* 本章作者：任泽平、曹志楠、方思元、黄斯佳、梁珣，孙文婷对数据更新有贡献。

第一节　金融科技行业概览

一、何为金融科技：以技术为手段，提高金融效率和质量

金融科技是技术驱动的金融创新，以技术为手段，以金融为目标。金融科技"FinTech"一词最早是花旗银行在1993年提出的，是"Finance"（金融）+"Technology"（科技）的合成词。根据金融稳定理事会（FSB）在2019年发布的《金融科技对金融稳定的影响》，金融科技是指技术带来的金融创新，能够产生新的商业模式、应用、流程或产品，从而对金融服务的提供方式产生重大影响。中国人民银行发行的《金融科技（FinTech）发展规划（2019—2021年）》也参考了上述定义，指出"金融科技是技术驱动的金融创新，旨在运用现代科技成果改造或创新金融产品、经营模式、业务流程等，推动金融发展提质增效"（见图10.1）。

图 10.1 金融科技是金融服务与底层技术的深度融合

资料来源：泽平宏观。

二、发展历程：中国金融科技起步较晚，后来居上

纵观全球金融科技的发展，可分为金融信息化、互联网金融、金融与科技深度融合三大阶段。

金融信息化阶段。20 世纪 80 年代经济全球化、金融自由化催生出大量复杂的金融服务需求，金融机构设立 IT 部门，银行卡、ATM（自动柜员机）、证券交易无纸化等快速普及，金融服务与电子信息技术初步融合，起到了提高业务效率和降低运营成本的作用。在中国，1993 年国务院发布的《关于金融体制改革的决定》提出"加快金融电子化建设"，中国金融信息化提上了日程。

互联网金融阶段。2000—2010 年，全球信息爆炸、互联网红利快速上升，金融机构围绕着互联网拓客营销，金融服务从线下转移到线上，极大地扩大了触及范围，丰富了应用场景，减少了信息不对称，销售渠道和业务模式实现了大变革。2013—2015 年，中国互联网金融达到高峰，P2P、移动支付、网上开户遍地开花，互联网银行、互联网证券、互联网保险等纷纷设立。

金融与科技深度融合阶段。2011 年以来，人工智能、大数据、云计算、区块链技术渗透到投资决策、风险定价、资产配置等环节，深刻地改变了金融服务的方式和逻辑，向传统金融机构和监管发起了挑战。中国由于人口基数庞大、移动通信和物流基础设施建设发达，在全球金融科技竞争格局中处于第一梯队。

三、投资情况：全球金融科技投融资方兴未艾

根据毕马威发布的《金融科技动向》，2015—2021年，全球金融科技投融资金额从649亿美元增至2 120亿美元，年均增速约21.6%，投融资数量从2 123宗增至5 648宗。2018—2019年伴随蚂蚁集团等一批大型融资事件落地，金融科技投融资达到小高峰；2020年新冠肺炎疫情导致并购活动暂时性中断、中国等政府加强金融科技监管等诸多因素，金融科技投融资阶段性降温。但数字经济发展、货币宽松等因素助推金融科技快速恢复，2021年融资金额和数量再创高峰。

图10.2　全球金融科技企业融资2021年再创高峰

注：因统计口径和方法变化，每年的报告数值略有不同，本文取2021年2月7日发布的版本。

资料来源：KPMG，泽平宏观。

从投资渠道看，风险投资表现强劲。金融科技主要投资者包括 VC（风险投资）、PE（私募投资）和 M&A（并购投资），近 5 年平均份额分别占 37%、3%、60%。VC 是风险投资机构对初创企业的股权投资，也是反映金融科技投资市场的领先指标。VC 支持的金融科技投资金额从 2015 年 178 亿美元增至 2021 年 1 150 亿美元，增长势头强劲。

从投资领域看，支付科技占比较高，日趋多元。金融科技投向领域包括支付、保险、监管科技、数字货币、财富管理和网络安全等领域。支付科技涉及领域广泛，从大众消费到医疗、房地产、跨境交易等细分赛道，均对支付流动性和安全性提出了较高要求，投资者热情高涨，投融资所占份额平均为 30% 左右。近年来金融科技投资日趋多元化，2021 年，支付科技投资占比 25%，较 2019 年大幅下降 27 个百分点；加密货币、监管科技、网络安全占比大幅上升，2021 年占比分别为 14%、5%、4%，较 2019 年分别上升 11、3、4 个百分点；保险科技占比维持在 7% 左右，财富科技占比约 1% 左右。（见图 10.3）

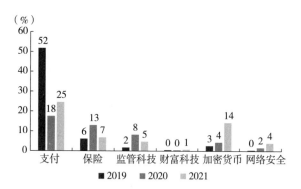

图 10.3 金融科技投融资领域分布日趋多元化

资料来源：KPMG，泽平宏观。

从国家和地区看，美国金融科技投资最多，中国降温明显。2021年，美洲、亚太和其他地区金融科技投融资分别占比55%、13%和37%。其中，美国金融科技投资额250亿美元，占全球投资额的25%。亚太地区，中国金融科技经过整治，整体尚未恢复至2018年巅峰期，投融资流向日本、韩国、印度、新加坡等。

从企业看，中国金融科技市场格局寡头化。不同于其他国家和地区的金融科技以中小型公司为主的格局，中国金融科技市场结构趋向于少数大型平台型企业主导。《苏州高新区·2020胡润全球独角兽榜》显示，18家上榜的金融科技行业独角兽企业估值共计16 340亿元。

四、核心技术：ABCD四大技术赋能

人工智能

人工智能（AI）将人的智能延伸到计算机系统，具体包括图像识别、语言识别、自然语言处理、机器学习和知识图谱等。金融领域涉及人工环节多，对数据安全性要求高，人工智能应用广泛。根据艾瑞咨询的报告预测，2022年金融科技投资中，人工智能投入将达到580亿元。

"人工智能＋金融"的典型应用包括：基于生物识别的人脸识别，可应用于账户远程开户、业务签约等；基于语音识别与处理，实现智能客服、营业网点机器人服务，减少运营成本；基于OCR（光学字符识别）自动化视觉处理，将发票、合同、单据的信息结构化处理，提高效率；机器学习应用于智能投顾，提高市场有

效性，加快产品创新；金融知识图谱，将大量信息汇集到关系网，作用于风险预警、反欺诈等方面。

区块链

区块链（Blockchain）是分布式共享记账机制，具有去中心化、不可篡改、匿名性等特点，与金融行业的数据安全、交易真实、隐私保密等业务需求不谋而合。

区块链赋能金融的典型场景如下。一是物联网：区块链是物联网底层万物互联的基础，可以确保底层资产交易真实可靠，提升交易安全性，降低信息不对称。二是支付结算：支付收单机构间基于联盟链和智能合约实时自动对账，避免数据被篡改，全业务流程可追溯、可审计。

云计算

云计算（Cloud Computing）将原本在本地服务器中进行的计算转移到云端，按需使用，具有计算高效和成本低廉的特点。按照服务方式，云计算分为 IaaS（将 IT 基础设施作为服务交付）、PaaS（将数据库等平台作为服务交付）、SaaS（将应用解决方案作为服务交付）。根据市场研究机构 IDC（国际数据公司）发布的《中国金融云市场跟踪》报告，2020 年中国金融云市场规模达到 46.36 亿美元。

云计算技术是金融科技的基础设施，典型应用如下。一是云+大数据：云计算以分布式处理架构为核心，高度契合大数据处理，实现了海量数据云端存储。二是拓展系统处理能力：传统金融解决方案市场由 IOE 主导，即以 IBM（国际商业机器公司）、Oracle（甲骨文公司）和 EMC（易安信）分别为代表的小型机、集中式数据库和高端存储的技术架构，难以应对数据量级和计算复杂程度的增长，金融机构自行开发或购买云服务，弥补了基础软件和硬件的不足，满足了系统高性能和容灾备份的要求。

大数据

大数据（Big Data），是以新处理模式对大量多样的数据集合进行捕捉、管理和处理，使之成为具备更强的决策力、洞察力和流程优化能力的生产资料。国家工业信息安全发展研究中心发布的《2019 中国大数据产业发展报告》显示，2019 年中国大数据产业规模超过 8 500 亿元，预计 2020 年超过 1 万亿元。

"大数据+金融"的典型应用如下。一是客户画像：大数据根据客户的人口统计学特征、消费能力数据、兴趣数据和风险偏好等，捕捉潜在需求，实现精准营销与获客。二是大数据征信：基于金融大数据，开发授信评估、信用报告、贷中预警等服务，降低信用评估成本，将审核周期缩短至秒级。

第二节 传统金融机构如何发展金融科技

金融科技细分赛道众多，涵盖支付、借贷、投资、财富管理、保险和解决方案输出等业务形态，主要包括传统金融机构、互联网企业和专业领域金融科技公司等。

一、银行科技

行业格局：数字化加速发展，中国人民银行、商业银行以及银行金融科技子公司是主要推动力

近年来，银行业发力金融科技领域，借助技术推动整体向数字化、智能化、生态化加速发展。根据《中国上市银行分析报告2020》，2019年上市银行继续加大科技投入力度，在基础平台建设、数字化零售金融、数字化公司金融和数字化同业业务等方面取得了长足进展，大中型上市银行的平均科技人员占比提升至4%以上，平均科技投入资金占营业收入的比例约为2%，其中披露金融科技投入的18家上市银行的投资规模合计达1 079亿元。

目前，银行业金融科技主要形成了以下格局：大中型银行纷纷成立金融科技子公司，中小型银行谋求与第三方互联网公司和科技公司合作。

大中型银行成立金融科技子公司。各大银行在深化与外部科技企业合作的基础上，注重加强自身科技实力，成立金融科技子公司整合技术、业务、资源及经验优势，对内对外输出技术能力，提升整体数字化水平。截至2020年11月，国有五大银行及七家股份制银行已成立独立的金融科技子公司。

中小型银行普遍面临资金实力、技术壁垒等问题，谋求与第三方互联网公司和科技公司合作。例如，赣州银行与中兴通讯等科技公司共同发起金融科技国产化实验室，晋商银行与山西移动签署战略合作协议，将在金融业务、通信及信息化服务等方面共建金融科技生态。

应用场景：金融科技深入各业务条线，信贷领域应用已较为成熟

当前银行金融科技应用快速发展，深入各业务条线与产品（见图10.4），手机银行、智能柜台、交易银行、智能客服和智能投顾等增值服务全面推出，提升了客户体验、降低了运营成本，各业务协同形成了正向循环。其中，金融科技在信贷业务领域应用广泛，目前大数据和人工智能技术已较为成熟，主要包括消费信贷、中小企业贷款及供应链金融。

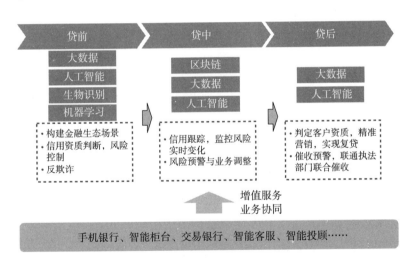

图10.4　信贷业务全流程与金融科技结合

资料来源：泽平宏观。

消费信贷

消费信贷具有小额、分散、高频的特点，内嵌于日常生活，与消费场景深度融合。

贷前：触达客户、挖掘需求、精准营销。第一，消费金融场景化构建，增加流量、获取数据。银行通过和科技实力较强的头部机构合作，为消费金融业务提供精准导流。主要有两种方式。一是与金融科技信息平台合作，在金融产品、渠道建设、智能金融服务领域深度布局，银行接入第三方支付机构、合作线上发卡等。二是与生活社交、餐饮娱乐、旅游出行等平台合作，互联网在前端提供客户和流量，商业银行开放客户端接入的应用程序接口，同时吸引线上线下客户，形成一站式服务。例如，在点评网站上提供支付、消费信贷等便捷优质的金融服务，联合视频平台提供会员服务等，形成消费金融生态圈。

第二，根据大数据挖掘客户信贷需求，实现精准营销。依据外部平台、内部个人信贷等数据，借助生物识别、人工智能等技术，准确分析客户属性、行为偏好、需求倾向等，形成信用卡、财富管理、信贷等不同层次的金融产品和服务体系，实现对目标客户的精准触达、智能营销，并匹配最优产品组合，提升差异化定价能力。

第三，精准识别客户资质，实现恰当准入。在授信环节，通过大数据征信、人工智能、知识图谱等方式验证借款人的真实身份和偿付意愿，准确判断用户信用等级、项目风险、成本效益。数据来自外部聚合的生态平台、征信机构、社会保障、财税、工商等公用事业系统、个人信用管理平台等多维度，利用深度学习、神经网络技术，减少人工干预。

贷中及贷后：动态监控、用户复贷、逾期催收。贷款发放后，一是运用信用风险动态监控，用大数据、人工智能等技术跟踪交易行为、关联交易动态，关注信用风险变化，并基于风险预测模型进行预警和调整；二是用户复贷、逾期催收，对于有良好记录的优质客户，继续使用精准营销推动复贷，对逾期客户进行催收预警，联通公安及司法部门，联合执行催收。

中小企业贷款及供应链金融服务

中小企业抵质押物较少、价值较低，银行难以触达和有效服务中小微客户。近年随着金融科技和业务的逐步融合，在中小企业贷款以及供应链金融方面，银行可以通过金融科技提升数据收集能力，构建信用评级体系，极大地提高支持中小企业的融资效率。

贷前：数据采集、信贷审核流程整合。在普通中小企业贷款中，银行通过金融科技采集电商交易、物流、企业结算、流水等数据，结合工商、税务、法院等机构提供的外部信息，一并进入"数据湖"，通过数据挖掘、特征提取、机器学习等方式刻画企业形象，进而构建信用模型，判断信用风险，核定信用额度，完成企业和企业主的全面分析，实现线上审批、自动放款。金融科技中数据的获取、加工、分析等并行操作，将七大原有信贷审核流程整合为一体，提升了审批效率，降低了运营成本。

在供应链金融服务中，银行贷前风险控制从授信主体转向整体链条。供应链核心企业信用良好，根据上下游企业与其交易关系的大数据形成关系图谱，通过知识图谱技术将碎片化数据有机组织，利用区块链技术实现供应链上下游信用穿透，同时使用交往圈分析模型，持续观察企业间交往数据的变化，动态监控供应链健康程度，实现信贷全流程管理。

其中最为关键的是区块链技术实现的信用共享。具体来看，在数据方面，通过将业务流程中的四流（信息流、商流、物流和资金流）与融资信息上链，利用区块链的不可篡改性，提升数据可信度；业务方面，将核心企业的票据、授信额度、应收应付等转化为数字凭证，利用区块链的可溯源性，实现信用的有效传导，同时通过智能合约可实现数字凭证的多级拆分和流转，有效提升金融机构风控效率，降低中小企业融资难度。目前已有较多区块链结合供应链实践尝试，如工银 e 信、农行 e 链贷等，主要用于应收款项、库存融资等方面。以工银 e 信为例，它是一种可流转、可融资、可拆分的电子付款承诺函，可在平台上自由转让、融资、质押等，实现银行资金的全产业链支持。

贷中及贷后：全流程管理。与消费信贷类似，用数据监控客户经营周期，关注用户的欺诈风险与经营风险的动态改变，设置一系列预警指标，包括银行流水、杠杆比例、税务信息等传统金融数据，以及交易对手方经营变化、市场数据等经营数据。

问题与挑战：技术转型时间长，投入产出比不定，数据处理难度大

信贷业务数字化从根本上改善了中小企业、农户的贷款服务。2020 年 12 月 8 日，中国银行保险监督管理委员会主席郭树清表示，银行等机构的智能风控能减少授信过程中对抵押物的依赖，提升融资的可得性，甚至可精准帮助贫困户发展适宜产业。截至 2020 年 9 月，全国扶贫小额信贷累计发放 5 038 亿元，支持建档立卡贫困户 1 204.3 万户次。截至 2020 年 10 月，银行的小微企业信贷客户已达到 2 700 万，普惠型小微企业和个体工商户贷款同比增速超过30%，农户贷款同比增速达到14.3%。

但当前银行金融科技发展中也存在部分问题。

一是从传统对内的技术系统转向以客户为中心的数字系统尚需时日。传统信息技术系统通过内部网络和信息化技术实现业务流程电子化，提升工作流程效率、降低操作风险，核心系统的重点在于安全和稳定。而数字化改革的重点是以客户为核心，需要快速响应和灵活拓展能力，以定制化、场景化的金融服务满足客户需求，因此传统信息技术系统与以客户为中心的数字化系统的衔接和整合需要一定时日。

二是转型所需投入成本较高，需权衡投入产出比。战略转型、软硬件改革等需要较大的金融科技投入和人才吸纳成本，短期内对银行的赢利能力造成影响。2019年，上市银行平均金融科技投入分别占营业收入、归属母公司所有者的净利润的2.3%和7.0%。持续高额的投入能否成功实现转型，未来能否创造更高额的利润、有良好的投入产出比仍存在不确定性，因此银行在考虑改革时会不断权衡转型的可行性和可持续性。

三是数据处理和分析难度大。传统银行数据库的信息具有碎片化和非结构化的特征，各项业务和项目运行是单独的数据集，因此数据的整合、处理和分析存在较大困难。目前主要以"数据湖"的形式将所有数据集中，再依据所需进行提取加工，但实际操作中，入湖数据的筛选、海量原始数据的输入、高效低成本地提取和分析数据等均存在难点。

二、保险科技

行业格局：头部保险企业和互联网保险公司发展迅速，传统互联网公司加速布局

近几年，我国保险科技发展十分迅速。根据《中国金融科技生态白皮书（2020）》，2019 年中国保险机构的科技投入达 319 亿元，预计 2022 年将增长到 534 亿元。头部保险企业和互联网保险公司的科技布局不断加速，中国平安、中国人寿等传统大型保险机构均将"保险+科技"提到了战略高度。

当前我国保险科技市场主要参与方有三类，分别为传统保险公司、互联网保险公司及互联网公司。

第一，传统保险公司是当前推动保险科技运用的主力。在互联网转型的压力下，传统保险公司基于自身稳定成熟的保险业务模式、产品设计和营销渠道，积极扩大金融科技的运用范围，通过与科技企业合作或自研，提升了金融科技实力与创新能力。以中国平安为例，公司持续加大科技研发投入，打造了领先的科技能力。截至 2020 年 6 月末，公司科技专利申请数较年初增加 4 625 项，累计达 26 008 项，在全球金融科技专利申请排行榜中，连续两年位居全球第一。

第二，互联网保险公司是保险科技生态的重要力量。互联网保险公司自创立起就致力于在各方面业务发展创新，与传统保险公司错位竞争，主要围绕产品设计、销售、理赔和售后等多方面，实现线上化、场景化和去中介化目标。目前共有众安在线、安心财产、泰康在线、易安保险四家专业互联网保险机构，不设任何分支机构，完全通过互联网展业。

第三，互联网公司是保险科技生态的新兴力量。互联网公司金融科技实力较强，并且具有丰富的流量入口，在将流量与金融科技结合方面具有显著优势。互联网公司在布局大金融生态的同时，与保险公司深度合作，在保险领域的布局逐步深入，逐步成为保险科技的新兴力量。

应用场景：贯穿保险业务全链条

保险业务的核心链条包括产品设计、产品销售、投保核保和售后理赔四个环节（见图10.5）。以人工智能、云计算、大数据、区块链等新一代信息技术应用为代表的保险科技，正在深刻改变保险业务模式，重塑保险业务的核心价值链。

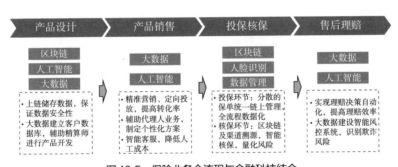

图10.5 保险业务全流程与金融科技结合

资料来源：泽平宏观。

产品设计端：提供全面深入的数据支持，提升风险定价能力

保险的产品设计是保险业务的核心能力，通过区块链、人工智能、大数据等技术，可以为保险产品设计提供更加全面深入的数据支持。例如，利用区块链结合物联网以及人工智能技术，可以将通过场景获得的数据上链储存，保证数据的安全性、真实性。在此基础上，通过大数据建立客户数据库，辅助精算师进行产品开发，提升风险定价能力。

保险科技在产品设计端的运用：一方面，有助于保险业务的效益提升，实现保险产品精准定价；另一方面，提升客户的产品体验，将保费与个人实际情况更精准地结合。当前在车险行业较为热门的保险科技运用是 UBI（基于实际使用的车险），根据《中国金融科技生态白皮书（2020）》，UBI 车险采用前装设备、OBD（车载自诊断系统）设备以及智能手机，实时收集实际驾驶时间、地点、里程、加速、减速、转弯和车灯状态等驾驶信息，加以分析建模，精准地计算风险保费，设计保险产品。UBI 车险结合驾驶人、车辆、路面状况等多个维度模型的分析，可以准确评估驾驶人员的驾驶行为风险等级，从而确定不同的保费级别，最终实现保费与风险的对价平衡。

产品营销端：通过精准定位、定向投放提高转化率

中国人寿保险（集团）公司党委委员、副总裁盛和泰曾表示，通过金融科技的运用，"保险公司将保险服务融入客户所处的网络应用场景之中，通过适时的风险提示来激发客户投保意愿，推动保险销售从'干扰型的介入式推销'向'场景型的融入式营销'转变，实现客户保险消费从'要我买'向'我要买'转变，将保险消费主导权归还给消费者，客户的保险消费体验得到显著提升"。

一是精准营销，通过大数据、人工智能作为主要技术，对客户进行360度精准画像，实现客户群精准定位，同时提高保险营销渠道的精细化管理，在匹配客群及渠道的基础上进行定向投放，提高转化率。

二是辅助代理人业务，通过强大的数据化平台，将各类保险产品主要数据导入，为代理人业务提供手机端可移动、实时、可修改各类参保参数的线上保单生成系统，便于代理人实时制订个性化方案、跟进参保进度等。

三是智能客服，通过人工智能技术与潜在客户深度交流，获取客户需求以及客户信息，并提供定制化保险方案。

投保与核保端：流程智能化，降本增效

在投保与核保环节，保险科技的价值在于帮助企业提升风控能力，实现流程智能化，电子保单与自动核保的应用能帮助降本增效。

在投保环节，通过区块链技术，将过去分散的保单管理转为统一链上管理，实现全流程数据化，方便数据分享。

在核保环节，通过区块链及渠道溯源，以链上数据简化投保评估流程，依据参保人全方位的数据信息，对参保人员进行智能综合分析，实现智能核保以及流程自动化，降低成本；依据风险程度做出是否承保及确认承保条件，量化风险。

理赔与售后：提高理赔效率，识别骗保风险

通过人工智能及大数据技术，保险公司可以显著提高理赔效率，实现骗保识别，提升客户体验。

在智能客服方面，利用人工智能可以实现理赔决策自动化，提高理赔效率，减少人工成本。例如，一些保险科技公司已推出"智能闪赔"产品，实现机构数据的打通，能够通过线上操作，不受时间、地点限制，在半天内赔款到位，90%以上的案件在10分钟内就能完成查勘，自助理赔率达到60%，提升了效率，降低了赔付成本。

在理赔反欺诈方面，利用大数据，可以建设智能风控系统识别欺诈风险，改善传统理赔环节存在的数据割裂问题。保险欺诈行为严重损害了保险公司的利益，为识别可疑的保险欺诈行为，需要开展多方面专项调查，耗时耗力。而借助大数据手段，通过建立保险欺诈识别模型，完善智能风控系统。首先从数万条赔付信息中挑出疑似诈骗索赔，再根据疑似诈骗索赔展开调查，提高工作效率。此外，保险企业可以利用大数据，结合内部、第三方和社交媒体数据进行早期异常值检测，包括客户的健康状况、财产状况、理赔记录等，及时采取干预措施，减少先期赔付。

问题与挑战：数据化进程缓慢，新技术运用尚不成熟

当前保险金融科技应用不断纵向深化发展，然而仍面临一些问题。

一是部分保险金融科技应用重销售、轻服务。当前保险科技运用主要集中于销售以及产品设设计端，侧重于获取客户信息、塑造场景化保险购买体验，提升产品设计能力以及客户购买意向，但对于售后、理赔便利性等环节的技术运用仍有待提升，要切实提高保险服务品质。

二是数据化进程存在挑战，数据储存和安全问题日益突出。

当前保险行业在推进科技运用过程中，部分中小险企的数据管理规范有待建立，在数据资源采集、传输、存储、利用、开放等全流程数据化进程建设中仍存在问题。部分保险公司积累了大量客户行为数据和交易数据，但数据管理水平仍不足，存在数据"孤岛化"、分割化问题，数据安全性程度难以保障。

三是新技术在保险行业的运用尚不成熟，如区块链、人工智能等。受限于科技成熟度，以及理论向实践转换的问题，新技术应用速度难以满足市场需求，保险科技在行业内的应用仍然有很大提升空间。

三、证券科技

行业格局：头部券商、互联网券商和软件服务商三分天下

证券行业金融科技投入 2020 年超过 250 亿元。根据中国证券业协会发布的数据，2017—2019 年证券业信息技术投入金额从 2017 年的 112 亿元增长至 2020 年的 263 亿元，年均增速 45%；信息技术投入占上一年度营收比重从 2.80% 提高至 7.47%，2017 年至今，证券行业在信息技术领域累计投入达 845 亿元。证券领域金融科技参与者主要包括大型综合类券商、互联网券商和软件服务商。

第一，大型综合类券商通过自建团队、合作开发等方式，注重培育自主研发能力。华泰证券成立数字化运营部，国泰君安成立数字金融部，中金公司与腾讯公司成立合资技术公司，2020 年，华泰证券、国泰君安、中信证券的信息技术投入位列前三，投入规模分别为 19.5 亿元、14.0 亿元和 13.7 亿元（见图 10.6）。

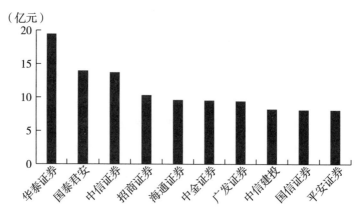

图10.6　2020年信息技术投入金额前10名券商

资料来源：证券业协会，泽平宏观。

第二，互联网券商主打流量运营。东方财富从互联网转型券商，注重科技赋能，研发人员占比近40%。根据中国证券业协会发布的数据，2020年，东方财富信息技术投入占营收比重17.43%，遥遥领先于其他券商，旗下的"东方财富网"电脑端和应用程序端分别贡献了日活跃用户6 252万人和月活跃用户4 141万人。

第三，软件服务商专注产品开发。同花顺将人工智能导入传统的理财顾问服务，提供投资建议。2020年，其研发投入占营收的20.58%，研发人员占60.52%。恒生电子为证券等金融机构提供IT软件产品和解决方案，研发支出占营业收入的35.85%以上。

应用场景：广泛应用于零售经纪和机构业务

金融科技广泛应用于证券行业经纪交易等标准化业务，在投行、合规风控等依赖人力和经验的业务尚未大规模应用。具体体现为：以互联网、大数据升级移动终端、精准获客，以智能投顾增加客户黏性和服务附加值，以机器人流程自动化（RPA）技术和数据仓库提高 PB（主经纪商业务）机构服务。

第一，零售经纪：人工智能、大数据助力经纪业务向财富管理升级。券商零售业务服务于 C 端客户，包括经纪、投资咨询、财富管理等业务。金融科技的作用，一是互联网大数据营销，升级一站式终端平台，通过身份信息、交易数据，挖掘客户在理财、基金、融资、财富管理等方面的深层需求，精准营销；二是智能投顾，运用金融科技、量化模型、智能算法等技术打造智能投顾平台，客户输入条件，即可筛选标的，生成资产配置方案，不但降低了人工成本，提升了投顾效率，而且扩大了对长尾用户的覆盖范围。

第二，机构业务：RPA 技术、数据仓库打开 PB 发展空间。券商机构业务包括做市、托管等，存在海量交易数据和标准化流程。其中 PB 业务涉及为私募基金等专业投资者提供交易、估值、清算、风控等一揽子服务，对信息系统稳定性、时效性要求高。RPA 技术基于人工智能完成重复工作，应用于量化交易平台，是券商和软件供应商的发力方向。大数据和云计算集合，支持 PB 级数据和秒级处理，数据仓库存储容量将得到大幅拓展，满足日常监控、交易分析等需求。

第三，投行业务：区块链在资产证券化领域潜力大。区块链具有不可篡改、可追溯、可溯源、可验证的特征，通过区块链技术实现资产证券化产品底层穿透，会计、评估、律师等中介机构上链尽调，显著推动新经济资产证券化业务。2017 年，百度—长安新生—天风 2017 年第一期资产支持专项计划，是首单基于区块链技术的场内 ABS，基础资产为汽车消费信贷。

第四，合规风控：构建智能风控体系。通过大数据、智能算法构建智能风控体系，多维度数据综合评估，加强线上业务合规审查，达到欺诈行为、异常交易、反洗钱识别的监控效果，进行全面风险管理，保障投资及资产安全。

问题与挑战：科技投入和应用深度不足，同质化严重

由于业务复杂，证券行业的金融科技投入不足，金融科技应用多停留在系统建设表层、难以实现前沿的金融科技融合创新，依靠金融科技实现差异化发展仍任重道远。

一是在整体投入方面，证券业金融科技整体投入不足。证券行业为轻资产模式，整体资金实力较弱，2020年中国证券业技术投入263亿元，头部券商投入规模在10亿—20亿元。相比之下，不但落后于银行业1079亿元、保险业330亿元的信息投入水平，而且与国际投行相差甚远，摩根士丹利公司和高盛集团的信息技术投入超过10亿美元，并通过自研和大手笔收购布局金融前沿技术。

二是在应用深度方面，金融科技应用的深度和广度不足，同质化严重。目前证券业处于数字化探索转型期，线上化、智能化已经渗透到各个业务链条，但大部分停留在信息系统建设、移动终端平台等层面，对前沿金融科技的投入和应用不足。根据艾瑞咨询发布的数据，2019年证券公司投入在云计算大数据、人工智能、RPA和区块链的金额分别为3.3亿元、2亿元、0.6亿元和0.5亿元，合计在信息技术投入中占比2.9%，金融与科技如何深度融合发展尚未达成共识。

三是在外部环境方面，证券科技创新复杂性高，面临更严格的监管要求。证券业前中后台种类较多，业务之间数据共享、系统串联和防火墙要求严格，金融科技基础设施牵一发而动全身，证券行业技术创新受到严格监管。能否突破系统壁垒、打通数据孤岛，需要在顶层设计层面予以统一明确。

四、资管科技

行业格局：规模庞大、背景多元，但科技渗透较低

资管行业参与者包括以基金、银行理财、信托等为代表的资产管理机构。截至2019年，大资管行业存量规模约82万亿元，银行、信托、公募基金、基金专户及基金子公司、券商资管、保险资管和期货资管分别占28.5%、26.3%、18.0%、10.4%、13.2%、3.4%和0.2%。此外，还有私募基金、第三方财富管理公司等众多非持牌参与者。

基金行业以二级市场标准化产品投资为特色，金融科技辅助投研决策。主动型投资对基金经理个人经验依赖度高，目前的金融科技水平难以完全取代人力作用，主要起到智能搜索、投研辅助作用。根据艾瑞咨询发布的数据，2019年中国基金行业整体技术投入为19.8亿元。根据中国基金业协会2020年发布的《资产管理行业金融科技应用现状调查分析报告》，22家公募基金对金融科技年投入额在千万元级别，受访公募基金的金融科技投入占收入比重低于5%、在5%~10%、超过10%的分别占54%、39%、7%。

以信托为代表的非标投资机构，金融科技水平较低，仍处于

探索期。中国信托业协会表示，2019年信托公司投入信息科技建设的资金约15亿元，主要应用场景是提升信息化系统、消费金融智能风控等。

应用场景：辅助投资决策，提高金融产品设计能力

金融科技在资管行业的应用场景，除了系统改造降低成本、大数据获客等常规应用，在投研管理、被动产品开发和客户资产配置方面表现突出。

在主动投资方面，机器学习在信息筛选和模型搭建方面表现突出，辅助主动管理型投研决策。基于人工智能的投研系统，在数据采集、数据处理、算法优化方面远优于人力。落地场景如下：一是信息筛选，大数据、机器学习、爬虫技术可以实现多渠道抓取信息，不但可以全面网罗公告、研报、新闻等传统信息渠道，而且可以更好地捕捉微博、论坛等市场情绪因子，提高信息有效性，辅助生成投资观点。二是模型构建，利用机器算法构建智能信评、智能风控、量化模型，用于历史回测、情景模拟、未来预测，投资决策模型经过不断训练迭代，能更加精确地识别潜在风险和超额收益机会。

在被动投资方面，算法和量化模型实现了低成本、大规模地开发指数产品。国际经验表明，以指数基金、ETF为代表的被动投资发展空间广阔。2019年，全球指数型基金规模达到11.8万亿美元，近10年年均增长约15%。金融科技在被动投资应用的关键是量化模型开发和大数据处理，为ETF等创新产品设计提供低成本、最优化的解决方案。博时基金在2019年年初曾表示，近两年

基于大数据的指数增强基金取得了超越基准指数 10% 以上的超额收益。

问题与挑战：资管行业大整合，金融科技尚处于探索阶段

在整体投入方面，资管行业技术投入明显不足。无论是以二级市场投资为代表的公募基金，还是以非标为代表的信托，金融科技投入量级仅数十亿元，远远低于银行千亿元级别和保险、证券百亿元级别的科技投入。这是由行业和业务特性共同决定的：一方面，资管行业普遍以代客理财的轻资产运营模式为主，资金体量小；另一方面，传统资管业务高度依赖人才、经验和人际关系等定性因素，难以被科技完全取代。但从长远看，重视金融科技投入是资管行业实现差异化、跨越式发展的必经之路，仍需长期的科技投入，培育科技创新文化。

在渗透深度方面，前沿技术尚未普及。资管行业普遍在信息系统升级改造、互联网获客方面获得了长足进展。例如，通过自有 APP 打造运营和互联网平台线上引流，基金公司突破了传统销售渠道束缚，直达用户需求，大幅提高了营销效率。但对人工智能、云计算、大数据等前沿科技在投研、风控等核心领域尚未形成普及。相比之下，贝莱德集团在 2020 年的技术投入费用为 3.97 亿美元，自主研发阿拉丁系统，利用大数据构建的风险管理平台，在 2020 年已获得 11.39 亿美元技术服务收入。

在外部环境方面，市场与监管处于磨合探索期，金融科技具体展业方式存在不确定性。在市场端，近年来面对资管新规、金融开放等挑战，资管行业处于整合和转型阶段，既要压降不符合

规定的旧业务，又要想方设法创新业务模式，转型任务重，竞争激烈。在政策端，监管规则也处在变化和完善过程中，如何规范金融机构与互联网的平台合作，如何在确保独立合规的前提下实现金融集团与旗下资管子公司业务协同，如何引导财富管理机构健康发展，如何建立信息安全与投资者保护机制等一系列问题尚无明确的规范，因此部分中小机构对金融科技的投入和应用仍处于观察阶段。

第三节　互联网平台如何发展金融科技

行业格局：大型平台企业主导，细分市场众多

互联网巨头通过丰富的场景、海量的用户、网络信息技术渗透到支付、借贷、投资和保险等各个金融服务，形成金融科技头部平台。如下选取几家互联网平台作为研究样本，经营情况见表10.1。

表10.1　互联网金融科技平台经营情况

平台	用户规模（万人，2020.11）	支付业务市场份额	财富管理规模（亿元）	信贷余额（亿元）	促成保费收入（亿元）	营业收入（亿元）	板块收入占比	净利润（亿元）
蚂蚁集团	83 863.4	55.0%	40 986	21 356	518	725.3	支付：36% 信贷：39% 理财：16% 保险：8%	219.2
腾讯金融科技	99 635.4（微信）	38.9%	8 000+	2 912.4	较少	563.4	支付：96% 贷款：3% 理财：1%	—

续表

平台	用户规模（万人，2020.11）	支付业务市场份额	财富管理规模（亿元）	信贷余额（亿元）	促成保费收入（亿元）	营业收入（亿元）	板块收入占比	净利润（亿元）
京东数科	5 544.61（白条）	0.7%	—	2 612.17（金条）	4.8	103.3	白条：42.9% 资管：11.5% 保险：3.2% 信用卡：1.2%	-6.8
陆金所	213.8	无	3 742	5 194	无	237.4	零售信贷：80.8% 财富管理：2.7%	72.8

注：经营数据截至2020年上半年。
资料来源：Wind，各公司报表，泽平宏观。

应用场景：支付和借贷为主，逐步转向技术方案输出

第三方支付

支付业务是互联网巨头参与金融服务的"敲门砖"，10家样本企业均完成支付业务布局，通过数以亿计的用户构建金融生态。2020年，我国第三方移动支付市场规模达到71.2万亿元，支付宝和财付通凭借强大的电商和社交属性，分别占据55.6%和38.8%的市场份额，其他竞争者仅壹钱包和京东支付的市场份额超过1%。虽然剩余市场空间有限，但支付业务起到重要的流量端口作用，互联网巨头们仍激烈竞争存量牌照。

互联网借贷

互联网信贷市场规模巨大，利润丰厚，10家样本企业均有布局。截至2018年年底，我国互联网消费金融市场规模达到9.15

万亿元。电商巨头旗下消费金融平台凭借流量和场景占据市场优势。2018 年，市场份额最高达到 37.2%，其中，蚂蚁集团互联网平台促成信贷余额最高，截至 2020 年 6 月，达到 21 356 亿元，其次为陆金所 5 194 亿元（见图 10.7）。

图 10.7　2020 年 6 月各互联网金融平台促成的信贷余额

注：京东金条和京东白条未披露累计信贷额，数据为 2020 年 1—6 月促成信贷数额。
资料来源：各公司报表，泽平宏观。

互联网平台普遍通过助贷、联合贷和赊销等模式开展借贷业务。一是蚂蚁集团、陆金所、京东数科等公司的产品以助贷和联合贷的方式为主，该模式下互联网平台负责获客、信用评估、风控等，金融机构负责提供大部分贷款。截至 2020 年 6 月，蚂蚁集团促成信贷余额 2.15 万亿元，其中表内贷款仅 362 亿元，占比 1.68%；2020 年上半年，陆金所新增零售信贷 284 亿元，其中自有资金放款比例仅为 0.7%，其余 60.6% 的资金来自 49 家银行，38.7% 的资金来自信托计划融资。二是京东白条以赊销模式为主，该模式下，京东数科与电商合作，提供数据支持和风控等服务，针对用户使用京东白条产生的应收账款进行资产证券化。

互联网投资理财和保险

互联网平台集合银行存款、公募基金、股票和保险等各类资产，试图打造一站式财富管理平台，为金融机构导流。据艾瑞咨询数据，截至2018年，我国互联网理财市场规模达到5.67万亿元，同比增长17.1%。截至2020年6月，蚂蚁集团与约170家资产管理公司合作，促成资产管理规模约4万亿元。根据奥纬咨询的统计，其市场份额约为48%~51%。其次为腾讯金融，其管理规模超过8 000亿元，陆金所的合作机构达429家，AUM为3 742亿元。

科技输出

头部互联网平台去金融化，增加科技研发投入，提供金融服务解决方案。在投入方面，2020年上半年，蚂蚁集团研发投入57.2亿元，占收入比重为7.9%；京东数科研发投入16.19亿元，占收入比重为15.7%（见图10.8）。2019年和2020年上半年，支付宝申请公开的全球区块链发明专利数量分别为1 505项、1 457项，全球位列第一；2019年蚂蚁集团自研的OceanBase数据库在被誉为"数据库领域世界杯"的TPC-C基准测试中，成为首个登顶该榜单的中国数据库产品。而京东数科重点发展智能城市业务，例如京东以自研的"智能城市操作系统"为指挥中心，打通南通市9个委办局、12个系统联动，打造危化品全流程监管创新应用；2019年10月京东与中储发展股份有限公司合资成立"中储京科"，共同研发在大宗商品领域的"区块链+物联网"的应用技术。

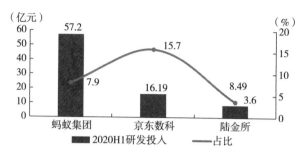

图 10.8 2020 年上半年各互联网金融平台研发投入

资料来源：各公司报表，泽平宏观。

问题与挑战：高杠杆、系统性、隐私保护、垄断地位

一是高杠杆放贷转移风险。某些互联网金融科技平台的信贷业务杠杆过大，引发监管担忧。它们大部分以 ABS、信托计划、联合贷款等形式将信贷资产转移到表外，避免了自身承担违约风险，坏账风险将转嫁至出资的金融机构。如此大体量的信贷存量一旦出现极端环境、风控模型失灵，社会隐性成本将难以估量。

二是数据确权与隐私保护问题亟待改善。大型科技公司实际拥有数据的控制权，数据资产成为科技公司产品开发、精准营销、业务拓展等的基石。但是，一些科技公司利用市场优势，过度采集、使用企业和个人数据，甚至盗卖数据，这些行为没有得到用户的充分授权，严重侵犯了企业利益和个人隐私，因而完善个人信息保护的相关法律法规，构建有效的数据采集、使用和交易机制问题亟待解决。

三是滥用市场支配地位，垄断市场。传统行业或新兴行业均可能形成垄断，新经济在移动互联网技术和大规模资本的支持下，形成自然垄断的速度更快，涉及面更广，用户黏性更强。由平台垄断造成的危害消费者权益、榨取剩余价值、挤压小企业生存空间等负外部性的可能性更大，诱导过度消费、会员之上再收费、"大数据杀熟"和捆绑销售等侵害消费者权益的问题更是屡见不鲜。

第四节　监管导向：监管升级，鼓励创新与规范发展

我国高度重视信息科技在金融领域的应用拓展，早期以包容创新为导向，但随着风险的积累与暴露，金融监管全面升级，规范与发展并重。

2020年以来，金融科技在经历爆发式增长后，行业规范化和标准化的缺失，系统性风险的累积，引起监管高度重视。监管层提前预判了风险，出台政策整治互联网贷款、网络小贷等，约谈金融科技巨头，平衡创新与风险的关系。

一是在顶层设计上，金融科技的发展与监管上升至重要地位，鼓励创新与规范发展并重。2019年，中国人民银行印发《金融科技（FinTech）发展规划（2019—2021年）》，从国家层面对金融科技发展做出全局规划，制定《金融科技产品认证目录》等明确金融科技技术标准、业务规范、风险管控等政策，出台针对移动支付、网络借贷、数字货币等监管强化文件。2020年12月16—18日，中央经济工作会议将"强化反垄断和防止资本无序扩张"列为2021年的8项重点工作之一，并明确提出要完善数据的收集、

使用、管理。未来新金融必然匹配新监管，既要保持创新活力，又要防止打着"金融创新"的旗号"割韭菜"，防止金融业务"无照驾驶"。2022年1月5日，中国人民银行印发《金融科技发展规划（2022—2025年）》，提出要坚持"数字驱动、智慧为民、绿色低碳、公平普惠"发展原则，对金融科技创新实施穿透式监管。

二是在监管主体上，跨市场、跨行业监管提前介入，不留监管死角。金融稳定发展委员会统筹协调，2020年10月31日金融委会议强调，"当前金融科技与金融创新快速发展，必须处理好金融发展、金融稳定和金融安全的关系"，"对同类业务、同类主体一视同仁"，明确持牌经营监管方向。中国人民银行正式实施《金融控股公司监督管理试行办法》，金控必须持牌经营。银行保险监督管理委员会（以下简称"银保监会"）、证券监督管理委员会（以下简称"证监会"）在细分领域出台监管办法，例如，互联网贷款新规、网络小贷新规、互联网保险新规。同时非金融监管机构迅速介入，最高法规定民间借贷最高利率不超4倍LPR（贷款市场报价利率），市场监督管理总局发布《关于平台经济领域的反垄断指南（征求意见稿）》。监管机构涵盖金融业务、数据安全、互联网等方面，体现了全方位、跨行业的监管思路。

三是在监管思路上，中国版"监管沙盒"试点推出，有望打造培育创新与规范发展的长效机制。2016年金融稳定委员会提出金融科技监管评估框架，一是判断金融科技产品和服务是不是创新，二是评估创新动力是提高效率还是监管套利，三是评估对金融稳定的影响，这成为全球金融创新监管的共识。英国金融行为监管局（FCA）在2015年提出"监管沙盒"，针对难以判断影响的金融科技创新，先选择进行小范围试行，监管部门与企业共同设定范围、参数等，若创新确实提高了效率并风险可控，则允许在更大范围应用。截至2020年5月，FCA已开展5批测试，参与企业累计118家。中国人民银行在2019年12月启动"监管沙盒"，截至2020年8月，已有北京、上海、成渝、粤港澳、苏杭等地区启动金融科技创新监管试点，推出60个试点项目，有望打造培育创新与规范发展的长效机制。

2016—2020年的监管政策见表10.2。

表10.2 2016—2020年监管政策：鼓励金融科技发展与关注金融安全并重

类别		时间	部门	内容
顶层设计		2020年4月	中国人民银行	《关于开展金融科技应用风险专项摸排工作的通知》
		2020年2月	中国人民银行	《关于发布金融行业标准 加强商业银行应用程序接口安全管理的通知》《关于发布金融行业标准 做好个人金融信息保护技术管理工作的通知》
		2019年10月	中国人民银行	《金融科技产品认证目录（第一批）》《金融科技产品认证规则》
		2019年9月	中国人民银行	《金融科技（FinTech）发展规划（2019—2021年）》，明确提出了未来三年我国金融科技工作的指导思想、基本原则、发展目标、重点任务和保障措施
		2018年1月	中国人民银行	《中国人民银行关于印发〈条码支付业务规范（试行）〉的通知》
		2017年12月	中国人民银行	《关于做好P2P网络借贷风险专项整治整改验收工作的通知》
		2017年9月	中国人民银行、工业和信息化部等	《关于防范代币发行融资风险的公告》
细分领域	制定规范行业	2020年12月	银保监会	《互联网保险业务监管办法》
		2020年11月	银保监会	《网络小额贷款业务管理暂行办法（征求意见稿）》
		2020年7月	银保监会	《商业银行互联网贷款管理暂行办法》

续表

类别		时间	部门	内容
细分领域	制定规范行业	2020年6月	证监会	成立"科技监管局",履行证券期货行业金融科技发展与监管相关的八大职能
		2019年9月	证监会	《证券期货业软件测试规范》
		2018年12月	证监会	《证券基金经验机构信息技术管理办法》
细分领域	整治违规业务	2018年8月	银保监会	《关于防范以"虚拟货币""区块链"名义进行非法集资的风险提示》
		2018年8月	P2P网贷风险专项整治工作领导小组办公室	《关于开展P2P网络借贷机构合规检查工作的通知》《网络借贷信息中介机构合规检查问题清单》
		2017年6月	互联网金融风险专项整治工作领导小组办公室	《关于对互联网平台与各类交易场所合作从事违法违规业务开展清理整顿的通知》
		2016年10月	银保监会	《互联网金融风险专项整治工作实施方案》

资料来源：泽平宏观,人民银行官网、银保监会官网等。

第五节 金融科技大有可为

2020年是金融科技发展的分水岭,如果说上半场关键词是巨头崛起、创新商业模式为王,下半场则是重建规则、靠硬实力取胜。金融科技未来发展面临四大趋势。

趋势一：短期内面临强监管,长期仍鼓励创新与风险预防并重。金融科技是把"双刃剑",一方面,我国金融科技发展迅猛,不可否认,其依托大数据优势让金融惠及更多长尾客户,移动支付方便了日常生活；另一方面,金融科技主体多元化、跨行业、去中心化，部分互联网金融打着金融创新的旗号，实质进行监管套利甚至触犯法律，传统的机构监管、事后监管难以全面管控金融风险，给金融监管带来了一定的挑战。创新必须在审慎监管的框架下进行，充分发挥金融科技对社会和市场效率的支持，同时树立监管底线，才能保证金融科技发展行稳致远。2020年，中央经济工作会议强调"强化反垄断和防止资本无序扩张"，剑指平台型企业滥用市场支配地位等乱象。展望未来，针对金融科技的相关监管将大幅提速，引导行业稳健发展。

趋势二：金融科技前景依然广阔，市场主体多元化，合作大于竞争。在供给端，中国拥有庞大的用户群体、发达的互联网和5G（第五代移动通信技术）等基础设施为金融科技发展提供了数据基础；在需求端，普惠金融程度尚存短板，金融科技发展空间仍然巨大。互联网巨头具有场景和流量优势，但在金融严监管、持牌经营背景下纷纷"去金融化"；传统金融机构具有牌照和资金优势，明确数字化转型战略，选择成立金融科技子公司，或与互联网公司加深合作。未来传统金融机构、互联网公司以及细分赛道中小型服务商仍将在竞争中长期共存。

趋势三：随着新基建上升为国家战略，人工智能、区块链、云计算及大数据深度融合，推动金融科技发展进入新阶段。根据《中国金融科技生态白皮书（2019年）》，从各项技术的运用领域来看，大数据是基础资源，云计算是基础设施，人工智能依托于云计算和大数据，区块链为金融业务基础架构和交易机制变革提供条件，但是离不开数据资源和计算分析能力的支持。当前各种技术发展程度不同，云计算和大数据技术成熟度较高，但在应用方面，传统信息系统改造升级压力较大，大数据平台构建在系统稳定性和实际使用效益方面面临挑战，人工智能和区块链处于技术演进发展阶段。从未来发展趋势来看，随着5G、芯片等基础技术发展，四项技术在实际应用中将会更加趋向深度融合，技术边界削弱，技术创新将会集中产生于技术交叉和融合领域。

趋势四：商业模式或被重塑，更好地服务实体经济、普惠金融、提高科技硬实力是三大发力方向。随着金融科技发展逐步进入深水区，社会舆论对互联网金融利用监管规则不完善、"加杠杆""普而不惠"、进军"社区团购"的行为提出质疑，须通过政策引导互联网巨头增强社会责任感和科技创新意识。展望未来，在持续的政策引导下，大型互联网企业有望进一步利用数据和技术优势，承担起推进科技创新"排头兵"的责任，着眼攻克更长远的前沿技术难题，力争突破"卡脖子"关键技术，服务实体经济，在解决民营小微企业融资难、融资贵等问题上发挥成效，与国家战略相契合。

中国金融科技已经走在世界前列，金融为民、科技向善，应加强监管，引导行业健康有序地发展，更好地培育新经济，提高我国经济金融和科技实力。在此提出以下建议。

第一，落实金融科技监管，树立监管底线。金融科技是把"双刃剑"，创新必须在审慎监管的框架下进行，充分发挥金融科技对社会和市场效率的支持，同时树立监管底线，才能保证金融科技发展行稳致远。在监管政策执行过程中，需要将良性金融创新与"伪创新"区分开来，更好地保护金融机构创新发展的积极性和能动性，对于以监管套利、无序扩张为主要形式的"伪创新"，坚决予以整治和取缔。

第二，完善金融科技行业标准和监管规则，明确市场预期。

金融科技产业同时具备金融属性和科技属性。在金融属性下，业务存在复杂性、专业性，业务数据存在较高的保密要求，在科技属性下，业务技术迭代速度较快、灵活性较高。未来在金融科技持续推进的大趋势下，亟待统一金融科技产业规范、技术标准。

第三，健全数据规则，完善数据确权、隐私保护的相关法律法规。建议通过立法明确数据资源具有公共属性，敦促平台对数据的使用、筛选、处理等过程进行全流程管控，对用于共享或交易的数据进行严格的脱敏处理；对于过度采集、使用企业和个人数据，甚至盗卖数据等严重侵犯企业利益和个人隐私的行为予以处罚。

第四，落实反垄断法律法规，关注和防范新型"大而不能倒"风险。当前部分互联网金融科技平台的信贷业务杠杆过大，引发了监管担忧，平台大部分以 ABS、信托计划和联合贷款等形式将信贷资产转移到表外，虽避免了自身承担违约风险，但坏账风险将转嫁至出资的金融机构；尽管有技术和数据保驾护航，但如此大体量的信贷存量一旦出现极端环境、风控模型失灵，社会隐性成本将难以估量。要将大型互联网平台纳入宏观审慎监管框架，加大力度整治市场乱象，防止平台风险跨行业跨领域传导。

参考文献

第一章　高盛：顶级全能型投行崛起之路

［1］查尔斯·埃利斯. 高盛帝国［M］. 卢青，张玲，束宇，译. 北京：中信出版集团，2010.

［2］约翰，戈登. 伟大的博弈［M］. 祁斌，译. 北京：中信出版集团，2005.

［3］姚远，张金清. 高盛集团发展模式及对我国投资银行发展的思考［J］. 财经问题研究，2010，000（011）：56-60.

［4］赫凤杰. 美国投行FICC业务发展经验及启示［J］. 证券市场导报，2016，000（010）：42-47，53.

［5］高盛财务报告。

［6］阿尔法工场. 掌控世界的26位高盛系人士［EB/OL］.（2016-12-21）. http://news.hexun.com/2016-12-21/187442508.html.

第二章　罗斯柴尔德家族：百年财阀发家史与转型精品投行

［1］尼尔·弗格森. 罗斯柴尔德家族［M］. 顾锦生，译. 北京：中信出版集团，2012.

［2］罗斯柴尔德家族网上陈列馆，https://www.rothschildarchive.org/.

［3］Rothschild & Co 财务报告，Rothschild & Co（rothschildandco.com）.

［4］Edmond De Rothchild 公司官网，https://www.edmond-de-rothschild.com/en/pages/default.aspx.

［5］RIT Capital 公司官网，https://www.ritcap.com.

［6］央视《对话》：揭秘罗斯柴尔德家族的金融帝国，和讯网，2011年。

第三章　瑞银：财富管理巨头的秘密

［1］瑞银集团官网和财务报告，https://www.ubs.com/global/en.html.

［2］瑞士国家银行，Banks in Switzerland 2018。

［3］李石凯，沈文华．瑞士银行保密制度的由来［J］.中国金融，2014（16期）：82-83.

［4］巴曙松．从瑞士银行合并案看世界银行业发展新趋势［J］.国际金融，1998，03（No.201）：64-68.

［5］普华永道、世界银行《2020年世界纳税报告》，https://www.pwccn.com/zh/tax/paying-taxes-2020.pdf.

［6］贝恩、招行联合发布《2021中国私人财富报告》，http://finance.sina.com.cn/money/bank/gsdt/2021-05-17/doc-ikmxzfmm2998056.shtml.

［7］严琦．瑞银财富管理的经验借鉴［J］.新财经（理论版），2013，000（012）：42-43.

［8］曹雷．瑞银VS摩根士丹利，国际投行财富管理业务数字化转型对国内券商的启示［J］.金融科技之道，2018.

［9］钛媒体．《欧洲货币》对话瑞银全球财富管理联席CEO：行业巨无霸如何摆脱增长疲态？［EB/OL］．（2020-04-02）［2020-08-06］. https://www.sohu.com/a/385072889_116132.

第四章　贝莱德：全球最大资产管理公司如何掌管万亿财富

［1］贝莱德财务报告。

［2］曹汉霖，许尧．公募基金行业发展的国际经验研究［J］.现代管理科学，2019，311（02）：64-66.

［3］黄陈，李可．资产管理与银行综合化经营研究——贝莱德经验对我国银行综合化经营的启示［J］.金融论坛，2009（11）：35-40.

［4］熊华乔．资管王贝莱德问鼎之路［J］.新理财：政府理财，2020

（2）：2.

［5］美国投资公司协会ICI.美国基金业年鉴［R/OL］.（2021-05）［2021-03-15］.https://www.ici.org/system/files/2021-05/2021_factbook.pdf.

第五章 黑石：私募之王押注全球另类资产

［1］贾森·凯利.私募帝国［M］.唐京燕,译.北京：机械工业出版社,2013.

［2］戴维·凯里,约翰·莫里斯.资本之王［M］.巴曙松,陈剑,等,译.北京：中国人民大学出版社,2011.

［3］苏世民.我的经验与教训［J］.中国经济周刊,2020,782（09）：120-121.

［4］黑石财务报告。

［5］杜丽虹.全球最大的地产基金管理公司黑石是如何赚"快钱"的？［J］.证券市场周刊,2015（32）.

［6］杜丽虹.黑石闪电战［J］.证券市场周刊,2017,000（025）：57.

第六章 巴菲特的伯克希尔：股神是怎样炼成的

［1］伯克希尔历年年报。

［2］罗杰·洛温斯坦.巴菲特传［M］.蒋旭峰,王丽萍,译.北京：中信出版集团,2008.

［3］施罗德.滚雪球：沃伦·巴菲特和他的财富人生［M］.覃扬眉,丁颖颖,张万伟,张春明,张艳云,译.北京：中信出版集团,2009.

［4］黄建平.巴菲特投资案例集［M］.北京：中国经济出版社,2013.

［5］巴菲特.巴菲特致股东的信［M］.杨天南,译.北京：机械工业出版社,2018.

［6］陆晔飞.巴菲特的估值逻辑：20个投资案例深入复盘［M］.李必龙,林安霁,李羿,译.北京：机械工业出版社,2017.

第七章 平安：如何成为世界级综合金融集团

［1］王禾生.大道平安［M］.北京：中信出版集团,2008.

［2］平安集团官网和财务报告。

［3］金融界保险.中国平安CFO："金融＋科技"战略是大势所趋［EB/OL］.（2017-11-20）［2021-1-22］. https://baijiahao.baidu.com/s?id=1584498510739673045&wfr=spider&for=pc.

［4］证券时报.十问十答中国平安：转型科技的逻辑起点、未来十年的增长故事［EB/OL］.（2018-04-08）［2021-1-22］. https://www.sohu.com/a/227585459_119666.

［5］新财富杂志.拆解万亿市值中国平安"金融＋科技"版图［EB/OL］.（2018-05）［2021-1-22］. http://www.p5w.net/xcf/201805/t20180509_2121945.htm.

第八章　泰康：从保险到医养的成功突围

［1］胡挺.解构泰康人寿养老地产商业模式［J］.城市开发，2014，000（002）：64-65.

［2］金融界网站.推进医养结合 加快老龄化产业发展 泰康打造大健康产业生态体系［EB/OL］.2020. https://baijiahao.baidu.com/s?id=1680519963953241135&wfr=spider&for=pc.

［3］澎湃新闻.一文读懂"泰康模式"：保险＋资产＋运营的养老商业闭环［EB/OL］.2020. https://www.thepaper.cn/newsDetail_forward_7304178.

［4］刘牧樵."泰康之家"保险养老模式初探［J］.中华建设，2018，157（06）：23-26.

第九章　复星：多元化集团发展逻辑

［1］袁珍珍.复星医药系列并购案例研究［D］.广州：华南理工大学.2016.

［2］李焰.集团化运作、融资约束与财务风险——基于上海复星集团案例研究［J］.管理世界（12）：117-135.

［3］王艳.系族控制人掏空行为对上市公司绩效的影响——以豫园商城和复星集团为例［J］.北方经贸，2010，000（008）：80-81.

［4］冯南.资本腾挪术，起底复星的互联网财技［EB/OL］.（2015-12-11）［2020-10-13］. https://www.jiemian.com/article/471164.html.

［5］腾讯财经.一文看懂郭广昌商业帝国——复星集团成长史［EB/OL］.（2017-03-29）［2020-10-13］. https://finance.qq.com/a/20170329/002237.

htm.

［6］中国证券报．国企混改争当"小伙伴"民营巨头动作不断［EB/OL］．（2014-08-22）．http://finance.china.com.cn/roll/20140822/2629702.shtml.

［7］从3.8万到5 300亿，他是低调的中国金融巨头，今花4.2亿在国外买楼［EB/OL］．（2018-10-05）［2020-10-13］．https://www.sohu.com/a/257779955_100042679.

［8］叶露、缪凌云．野马财经．"复星系"转舵：300亿美元海外资产大调仓［EB/OL］．（2017-12-26）［2020-10-13］．https://baijiahao.baidu.com/s?id=1587849636450671709&wfr=spider&for=pc.

［9］韩仁非．界面新闻．手握10家保险公司，1800亿保险资产能给复星带来什么？［EB/OL］．（2016-08-16）［2020-10-13］．https://www.jiemian.com/article/802198.html.

［10］田新杰．复地集团切入私募房地产基金，谋金融化转型［EB/OL］．（2010-03-25）［2020-10-13］．http://www.wabei.cn/p/201003/353042.html.

第十章　中国金融科技发展格局和趋势展望

［1］中国人民银行．金融科技（FinTech）发展规划（2019—2021年）［EB/OL］．（2019-08-22）［2021-12-1］．http://www.pbc.gov.cn/zhengwugongkai/4081330/4081344/4081395/4081686/4085169/2019090617242730910.pdf.

［2］李伟．金融科技蓝皮书：中国金融科技发展报告（2019）［M］．北京：社会科学文献出版社，2019.

［3］毕马威．2021年金融科技动向［R/OL］．（2022-02-01）［2022-03-01］．https://assets.kpmg/content/dam/kpmg/xx/pdf/2022/02/pulse-of-fintech-h2-21.pdf.

［4］中国基金业协会．资产管理行业金融科技应用现状调查分析报告［R/OL］．（2019-03-25）［2021-12-1］．https://www.amac.org.cn/researchstatistics/report/jrkjyjbg/201912/P020191231585230369093.pdf.

［5］零壹智库．全球金融科技融资报告（2019）［R/OL］．（2020-01-16）［2021-12-1］．http://www.01caijing.com/article/256361.htm.

［6］艾瑞咨询．曙光：2020年中国金融科技行业发展研究报告［R/OL］.

（2020-11-18）[2021-12-1]. https://www.iresearch.com.cn/Detail/report?id=3687&isfree=0.

[7] 张涵.金融科技给监管体系带来新挑战[J].中国国情国力,2017(8):81.

[8] Hyun Song Shin. Big Tech in Finance Opportunities and Risks[R/OL]. BIS, 2019, https://www.bis.org/speeches/sp190630b.htm.

[9] 中国保险资产管理业协会.中国保险资产管理业金融科技发展报告（2018—2020）[R/OL].（2020-04-02）[2021-12-1]. https://www.iamac.org.cn/xhgz/201904/t20190402_5968.html.

[10] 央广网.2019中国大数据产业发展报告[R/OL].（2019-12-11）[2021-12-1]. https://baijiahao.baidu.com/s?id=1652603819656879512&wfr=spider&for=pc.

[11] IDC.中国金融云市场（2019下半年）跟踪[R/OL].（2020-05-12）[2021-12-1]. https://baijiahao.baidu.com/s?id=1666472659791495622&wfr=spider&for=pc.

[12] 中国银行业协会.中国上市银行分析报告2020[R/OL].（2020-08-13）. http://xw.sinoins.com/2020-08/13/content_358041.htm.

[13] 中国信通院.中国金融科技产业生态白皮书（2020年）[R/OL].（2020-09）[2021-12-1]. https://www.yungongchang.com/ZiXun/Details/86185.

附 录

在这个动荡的世界，宏观判断很重要，事关成败。

看懂宏观趋势，把握投资机会，就看泽平宏观！

任泽平博士，荣获中国证券分析师大满贯冠军，创造业界历史记录，2014—2015年因成功预测"5 000点不是梦"，并预警股灾，被银行、基金、保险等各大型机构投资者票选为第一名。

曾为国务院智囊，多次参与重大文件和改革方案起草，参加各大部委经济形势专家闭门座谈，建言献策。在《人民日报》《经济研究》等核心报刊发表文章百篇。

多次为经济学家群体打破薪酬天花板，被誉为"知识的礼遇"。

专注宏观趋势和投资机会研究20年，自媒体拥有3 000万＋订阅，订阅量和阅读量均遥遥领先。实战派经济学家领军人物。

先后担任国务院发展研究中心宏观部研究室副主任，国泰君安证券研究所董事总经理、首席宏观分析师，方正证券首席经济学家、研究所联席所长等。清华大学经济管理学院博士后，中国人民大学经济学博士。

被聘为科技部国家高新区升级评审专家，全国工商联智库委员会委员，中国民营经济研究会副会长，中国资本市场50人论坛首席经济学家，首都金融智库专家，中国保险保障基金专家，茅台集团研究院顾问，枣庄市政府经济顾问，中国新供给经济学50人论坛成员，新华日报社财经传媒智库特约顾问等。中国人民大学、中央财经大学、对外经济贸易大学、南开大学、中央民族大学等兼职导师。

创立"房地产长期看人口、中期看土地、短期看金融"这一房地产和金融业界广泛采用的经典标准分析框架。

多次成功精准预测重大趋势、拐点和机会：

2014年股市2 000点时预测"5 000点不是梦""改革牛""对熊市的最后一战"，2015年股市即将达到5 000点前预警股灾"海拔已高，风大慢走""我理性了，市场疯了"。

2015年在房价大涨前夜，成功预测"一线房价翻一倍"，被评为年度十大经典预测。

2019年初提出"否极泰来"，在市场极为悲观时期，逆向思维，成功把握宏观趋势和投资机会。

2019—2020年倡导"新基建""新能源"，引发全网数亿讨论，从争议走向社会共识和公共政策，并成为重要的股市和产业界投资机会。

专著《新基建》荣获中共中央组织部第五届全国党员教育培训创新教材奖。《宏观经济结构研究》入选当代经济学文库。

2020年倡导"放开三孩"，再度引发全网6亿热议，推动了随后三孩政策的社会共识和政策落地。始终坚持做有情怀、有温度的研究。

2021年初提出"通胀预期、流动性拐点、市场风格切换",精准把握了当年的宏观趋势和投资机会。

2022年初提出六大关键词:双周期、稳增长、宽货币、新基建、软着陆、提估值。

先后出版多部重磅专著和译著:《宏观经济结构研究》《从奇迹到成熟:韩国转型经验》《大势研判》《房地产周期》《新周期:中国宏观经济理论与实战》《全球贸易摩擦与大国兴衰》《全球房地产》《新基建》等。

看懂宏观趋势,把握投资机会,就看泽平宏观!